KB090268

나는 **아마존**에서
미래를 **다녔다**

나는 아마존에서 미래를 다녔다

초판 1쇄 발행 2019년 3월 7일
초판 18쇄 발행 2020년 10월 30일

지은이 박정준

펴낸이 조기흠
편집이사 이홍 / **책임편집** 이수동 / **기획편집** 유소영, 송병규, 정선영, 임지선, 박단비
마케팅 정재훈, 박태규, 김선영, 홍태형, 배태욱 / **디자인** mmato / **일러스트** 최광렬 / **제작** 박성우, 김정우

펴낸곳 한빛비즈(주) / **주소** 서울시 서대문구 연희로2길 62 4층
전화 02-325-5506 / **팩스** 02-326-1566
등록 2008년 1월 14일 제 25100-2017-000062호

ISBN 979-11-5784-318-3 13320

이 책에 대한 의견이나 오탈자 및 잘못된 내용에 대한 수정 정보는 한빛비즈의 홈페이지나
이메일(hanbitbiz@hanbit.co.kr)로 알려주십시오. 잘못된 책은 구입하신 서점에서 교환해드립니다.
책값은 뒤표지에 표시되어 있습니다.

⌂ hanbitbiz.com ⓕ facebook.com/hanbitbiz Ⓝ post.naver.com/hanbit_biz
▶ youtube.com/한빛비즈 ⓘ instagram.com/hanbitbiz

지금 하지 않으면 할 수 없는 일이 있습니다.
책으로 펴내고 싶은 아이디어나 원고를 메일(hanbitbiz@hanbit.co.kr)로 보내주세요.
한빛비즈는 여러분의 소중한 경험과 지식을 기다리고 있습니다.

박정준 지음

평균 근속 1년 아마존에서
12년 일한 한국인이 깨달은
일과 삶을 설계하는 법

나는 아마존에서
미래를 다녔다

한빛비즈
Hanbit Biz, Inc.

프롤로그

운명과도 같았던 15년 전의 그날

　살면서 누구나 절대 잊지 않는 날짜들이 있다. 그리고 그날들은 하나하나 쌓여 우리 각자 삶의 연대기가 된다. 이전에 떨어졌던 수많은 면접 날과 달리 긴장보다는 왠지 모를 자신감과 기대에 가득 찼던 그날은 2004년 4월 22일이었다.

　몇 번을 다시 만져도 마음에 들지 않는 머리를 빼고는 날씨도 컨디션도 더 이상 좋을 수 없었다. 미리 다려놓은 줄무늬 셔츠와 면바지를 캐주얼하지만 내 나름대로 예의를 갖추어 입었다. 얼마 전 다른 회사 면접 때 굳이 정장에 넥타이를 매고 갔다가 부끄러움을 당했던 터였다. 당시 시애틀 남부의 차이나타운에 위치한 아마존 본사를 가려면 출근길의 시애틀 다운타운을 관통해야 했다. 빽빽한 차량들 틈을 지나며 이렇게나 많은 사람들이 다들 어떻게 직장에 들어가게 되었는지 궁금하고 신기하고 또 부러웠다.

그렇게 도착한 아마존 본사는 주황색 벽돌 건물과 철제로 만든 문이 고풍스러움을 간직한 멋진 곳이었다. 정문 앞에서 건물을 올려다보면 마치 성같이 느껴질 정도로 작지만 중후한 멋이 있었다. 팩메드Pac Med(Pacific Medical Center의 줄임말)라 불리는 이 건물은 사실 운영되던 병원이 재정난에 처하면서 지하를 제외한 지상의 13층을 아마존이 사용하고 있었다. 잘 열리지 않아 몸을 뒤로 눕히며 당겨야 했던 묵직한 철문은 왠지 그 무게만큼 쉽지 않을 앞으로의 여정을 암시하는 듯했다.

건물 안으로 들어서자 옅은 커피 향이 났다. 양옆으로 작은 로비가 보였고, 정면의 조그만 카페 옆에는 자연사 박물관에서나 볼 법한 괴물의 뼈 모형이 전시되어 있었다. 나중에 알고 보니 베조스 회장이 4만 달러를 주고 경매로 구입한 실제 빙하시대에 살았던 동굴곰의 뼈라고 한다. 그 옆에 적힌 "먹이를 주지 마시오"라는 문구는 유치했지만 부끄럽게도 긴장을 풀어주는 효과는 확실히 있었

2004년 입사 때부터 2010년까지 근무한 팩메드의 정문. 출근 때마다 몸을 뒤로 젖히며 열던 이 철문의 무게가 아직도 느껴지는 듯하다.

다. 큰 소리로 쓸데없이 잘 웃기로 유명한 베조스 회장의 유머 코드로만 생각하기에는 이 문구와 동굴곰의 뼈는 무언가 이곳이 범상치 않은 곳임을 직감하게 했다.

시계를 보니 아직 15분이 남아 있었다. 일단 안내 데스크에 면접을 보러 왔음을 알렸다. 금발의 상냥한 리셉셔니스트는 방문자 리스트에 내 이름을 적고는 잠시 로비에서 대기하라고 알려주었다. 간간이 '삑' 하는 소리가 들렸다. 출근하는 사원들이 사원증을 리더기에 대며 복도를 지나갔지만 로비에는 나 이외에 아무도 없었다. 잠시 앉아서 가방을 내려놓고 크게 심호흡을 했다. '이곳에서 일할 수 있다면 얼마나 좋을까'라는 생각이 '면접을 잘 봤으면 좋겠다'는 생각으로 이어졌다. 자연스럽게 두 손이 모아졌다. 무턱대고 붙여달라는 기도는 아니었다. 그저 잠시 눈을 감고 함께해달라고 마음속으로 이야기했다. 보이지 않는 누군가가 나와 함께 있다는 생각에 마음이 딱 기분 좋을 만큼 긴장되었다.

다시 눈을 뜨고 로비의 벽을 둘러보았다. 당시는 아마존이 닷컴 버블 속에서 가까스로 살아남아 책뿐 아니라 DVD, 전자제품, 주방용품, 보석류 등으로 꾸준히 판매 제품군을 확장하며 다시 도약하기 시작한 시점이었다. 벽에는 최근 몇 년간 아마존이 론칭한 각 스토어들의 포스터가 프로젝트에 참여한 직원들의 사인과 함께 붙어 있었다. 간간이 중국어 사인이 보였지만 한글은 보이지 않았다. 다시 자리에 앉아서 인사과 직원이 나를 데리러 오기까지 얼마나 기다렸을까? 불과 몇 분의 짧은 시간이었지만 그때의 감정을 여전히 기억한다. 나는 그 후 6년 뒤 아마존이 새로운 캠퍼스로 이사할 때까지 출근길에 정문을 들어서면 하루도 빠짐없이 로비의 의자를

쳐다보았다. 그곳에는 언제나 순수하고 간절했던 면접 날의 내가 앉아 있었다. 그렇게 매일 이곳에서 일할 수 있음을 감사했다. 그리고 수많은 포스터에 내 서명도 남길 수 있었다.

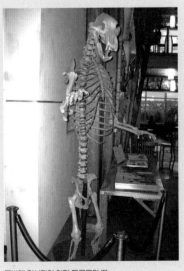

로비에 전시되어 있던 동굴곰의 뼈

그날의 면접은 지금 생각해도 내 힘으로 한 것이 아니었다. 마치 다른 사람이 된 것처럼 신기하리만치 다섯 명의 면접관이 돌아가며 한 시간씩 주는 어려운 문제들을 막힘

없이 풀어냈다. 총 다섯 시간이 넘은 인터뷰가 끝나고 나서 마지막 면접관이 "You beat me(네가 이겼어)"라는 말을 남길 정도였다. 그 전까지는 면접만 보면 시간을 채우지도 못하고 떨어지기 일쑤였는데 어찌된 영문인지 그날은 달랐다. 마치 아마존으로 와야만 했던 운명처럼 그렇게 합격이 되었다.

이후 12년의 시간을 아마존에서 보냈다(초등학교를 입학해서 고등학교를 졸업할 때까지와 같은 기간이다). 그 기간 동안 아마존은 그야말로 눈부시게 성장했다. 늘어난 직원들을 수용하기 위해 점차 다른 건물들로 확장하더니 마침내 2010년에는 팩메드를 완전히 떠나서 시애틀 중심에 새로운 아마존 제국을 건설했다. 팩메드를 떠나 새로운 건물로 사무실을 옮기면서 내가 앉았던 로비를 더는 볼 수 없게 되었다. 초심을 잃어서일까? 아마존은 그토록 성장했지만 나는 왠지 그대로인 것만 같았다. 아니, 어쩌면 아마존이 커질수록 나는 더 작은 부품이 되어가는 것 같았다.

더군다나 면접 날 나에게 주어졌던 신비한 능력은 입사와 함께 사라져버린 듯했다. 매일 바둥거리며 다녔지만 아마존의 치열한 업무 환경과 익숙지 않은 언어와 문화, 그리고 세계 각국에서 모인 수많은 천재들은 실력과 언어 모두 부족한 나를 때로는 나락까지 떨어뜨렸다. 결혼을 하고 아이가 태어나자 책임져야 하는 가정과 수십 년 동안 갚아야 하는 모기지론의 무게가 현실로 느껴지면서 과연 내가 계속 버틸 수 있을지 겁도 나고 막막했다. 그토록 간절하고 감사했던 아마존의 매일매일이 그렇게 무겁고 괴로울 수가 없었다.

특히 '내가 왜 여기서 이 일을 계속해야 하지?'라는 생각이 들 때면 더 집중하기가 힘들었다. 수십만 명 중에 한 명꼴로 발생하는 버그(프로그램상의 문제)를 찾아 고치기 위해 몇 날 며칠을 매달리거나 같은 문서를 좀처럼 늘지 않는 영문 실력으로 수십 차례 수정해야 할 때면 더욱 그랬다. 주위에 일도 잘하고 말도 잘하는 동료들과 치열하게 승진 경쟁을 해야 하는 상황도 마찬가지였다. 다른 사람이 더 잘할 수 있는 자리를 군이 내가 두 배 노력해서 가야 할 이유는 나 혼자의 자존심 말고는 찾기 힘들었다. 회사 입장에서나 전 우주의 관점에서 보더라도 나보다 더 적합한 사람이 그 일을 하면 그만이었다. 그때까지도 내가 아마존에 와야 했던 이유는 설명되지 않았다. 그저 하루하루를 버티듯 견디고 있었지만 다른 회사로 옮기는 것은 왠지 아직도 밝혀지지 않은 이유가 모조리 무산되는 것 같아 두려웠다.

아마존 12년은 도제의 시간이었다

입사 6년 차에 둘째 출산을 앞두고 이런 고민이 심화되면서 삶이라는 조금 더 크고 긴 관점에서 나의 직장생활을 바라보았다. 아마존 안의 나로부터 세상 속의 나로 시선을 줌아웃하자 많은 것들이 선명해졌다.

'이곳은 나의 목표가 아닌 과정이다.'

한 회사에 취업해서 일하는 것이 한 인생의 목표가 될 수는 없으며, 우리 각자의 삶은 너무나 크고 다양하고 소중하다는 생각이 들었다. 전구들이 밝기로 경쟁해야 한다면 승자는 단 하나다. 하지만 모두가 가장 밝은 전구가 될 필요는 없다. 세상에는 작고 은은한 전구도 필요하기 때문이다. 결국 이 모든 과정을 토대로 궁극적으로 '지금 나밖에 할 수 없는 일'을 좇아야 함을 깨달았다. 그리고 이는 내가 오늘도 매일 생각하는 가치 있는 삶을 살기 위한 이정표가 되었다. 큰 그림으로 보니 아마존의 시간은 나에게 생계에 필요한 것들을 채워주는 곳을 넘어 훈련과 배움의 과정, 곧 '도제'의 시간과도 같았다.

중세시대의 장원제도는 농노에 의해 대규모 농경지가 경작되는 경제체계였다. 당시 유럽 사회의 토지는 소수의 영주들에게 불평등하게 배분되어 있었고, 땅이 없는 하층민들은 영주 밑에서 평생 노동력과 과도한 세금을 제공하고 최소한의 생계를 보장받았다. 대부분의 농노들은 안정적으로 곡식을 수확할 수 있는 땅이 필요했기 때문에 영주 휘하로 들어갔다. 하지만 당시에는 농업 이외에 다른 생계수단이 많이 없어서 한번 들어가면 위험을 감수하고 나오기가 쉽지 않았다. 이후 200년간 이어진 십자군 전쟁의 결과로 이웃의 사라센 문화가 흘러들어 오면서 상업과 무역의 발달이 촉진되었다. 남의 밑에서 평생 농사짓는 반노예로 살던 사람들 중 일부가 도망쳐 나와 독립적으로 필요한 물건을 만들고 팔기 시작했다. 이렇게 상인으로 변한 농노들의 힘이 커지면서 기존의 장원제도는 점차 붕괴되었고, 시장과 도시가 생겨났다. 상인들은 협동조합인 길드를 만들어 영주와 같은 기존 상층계급으로부터 자신들을 보호했다. 길드에는 주로 10대 후반의 젊은이가 기술 좋은 장인의 집에서 함께 생활하며 일을 배우는 도제제도가 있었다. 이들은 5~10년 정도의 계약 기간 동안 노동에 종사하고, 이후 독립하여 돌아다니면서 일하는 저니맨journeyman(직인)의 단계를 거친다. 그리고 마침내 정착하여 자신의 일을 하며 도제를 거느리는 마스터master(장인)가 된다.

이렇듯 아마존에서의 시간을 도제의 시간으로 보기 시작하면서 많은 것이 바뀌었다. 안정을 담보로 삶을 저당 잡히는 농노와 마스터로의 과정에 있는 도제는 달라도 너무 다르다. 평생 있어야 한다면 괴로운 곳이지만 과정으로 보기 시작하니 이보다 감사한 곳일 수 없었다. 과분한 월급뿐 아니라 눈을 들어 살펴보니 참 많은 것을 배울 수 있는 곳이었다. 운 좋게도 나의 마스터인 아마존은 그 기간 동안 4차산업을 선도하는 가장 주목받는 기업이 되어 있었다. 돈을 받으며 가장 혁신적인 회사에서 그 성장과 성공의 원리를 보고 배울 수 있으니 이보다 더 수지맞는 장사가 없었다.

어차피 몇 년 뒤 졸업할 회사이니 승진을 위해 치열하게 경쟁할 필요가 없어졌다. 실제로 그때부터는 상사가 5년 뒤의 계획을 물으면 회사를 떠나 독립할 것이라고 이야기했다. 좁은 사다리를 올라가기 위해 경쟁하기보다는 다양한 부서와 역할을 최대한 경험하면서 아마존의 여러 부분을 배우고 싶었다. 결과적으로 아마존의 척추와 같은 플랫폼팀의 개발자에서 새로운 스타트업 부서의 모바일 앱 개발자, 마케팅 경영분석가, 비즈니스 인텔리전스 엔지니어까지 다양한 역할을 경험할 수 있었다.

취업을 바랐던 20대의 나와 아마존으로부터 독립한 지금의 나. 아마존은 그 시간 동안 참으로 많은 것을 가르쳐주었다. 시간이 지나 증류되고 남은 이 가르침들은 내가 아마존에서 썼던 수만 줄의 코드, 셀 수 없이 많은 프로젝트, 첨단기술, 미래 산업, 취업 비밀, 직장생활 잘하는 법 또는 경영법이 아니다. 오히려 주체적이고 생명력 있으며 비옥한 삶을 살기 위한 아마존의 원리들과 방식들이 정유가 되어 남았다. 그리고 이것들은 우리 각자의 유니크한 삶의 맥락 위에서 다르게 적용될 때 비로소 그 힘을 가진다.

이 책도 그 연장선에 있다. 12년이라는 긴 터널을 지나고 보니 아마존에서 가장 오래 일한 한인(전체에서는 상위 2퍼센트)이 되어 있었다. 그리고 그 기간 동안 아마존은 세상에서 가장 미래적인 기업이 되었다. 아마존을 나오고 나서야 비로소 그 옛날 2004년 4월 왜 부족한 나에게 아마존을 합격할 수 있는 지혜가 주어졌는지 그 이유의 그림자가 조금 보이는 듯하다. 그 온전한 실체는 내 삶이 끝나는 시점에 이르러 더 명확해질 것이다. 다만 미래를 볼 수 없는 나는, 현재 쓰는 이 책 또한 내가 아마존에 합격하고 또 12년을 다녔던 이유 중 하나라고 믿는다.

아마존에 관한 기억들이 내 머릿속에서 더 희미해지기 전에 아마존이라는 훌륭한 기업에게 배운 것을 한국의 독자들에게 나누고 싶다는 마음으로 페이지들을 채워 나갔다. 아마존의 첫인상을 다룬 1장을 제외하면 내용이 시간순으로 연결되어 있지 않기 때문에 목차에 구애받지 않고 선별적으로 읽어도 좋다. 아마존의 독특한 기업 문화를 이야기한 2장 뒤에는 개인적으로 배우고 체험한 아마존의 성장 속에 감춰진 원리들을 3~5장에 담았다. 6장은 아마존의 효율적인 방법론을, 7장은 아마존에서 일하면서 터득한 개인적 노하우를, 그리고 마지막 8장에는 아마존다웠던 독립 과정을 실었다.

당신이 지금 인생의 어느 시점에 있든지 이 책이 당신 자신이 가야 할 독특하고 설레는 삶의 여정에 작은 도움이 되기를 소망한다. 동굴곰에게 주지 말라고 했던 '먹이'가 아닌 '먹이를 찾는 법'으로써 말이다.

차례

프롤로그 004

1 여정의 시작

아마존에 들어가다 021
처음 만난 아마조니언들 029
뭐 이런 곳이 다 있지? 036

2 아마존의 문화, 공간 그리고 사람들

건물로 알아보는 아마존 047
곳곳에 묻어나는 창업주의 절약정신 058
팝콘을 잘못 튀기면 일어나는 일 067
사커맘과 워커홀릭 075
바보 같은 질문 하나 해도 될까요? 083
아마존에서 만난 두 명의 천재 089

3 아마존의 고객 중심주의는 클리셰가 아니다

전 세계 6억 가지 상품의 온라인 주소가 되다　　　101
나만을 위한 상품들이 진열되는 쇼윈도　　　109
시간을 선물해주는 곳　　　117
아웃스마트한 아마존의 고객 서비스　　　124
소외된 이들을 위하여　　　133

4 시간이라는 바람으로 가는 돛단배

큰 나무의 씨앗은 금방 자라지 않는다　　　143
무한 성장의 비밀, 선순환의 수레바퀴　　　151
아이가 체스 챔피언을 이기는 방법　　　162
백 배 넓은 땅에서 이틀 만에 배송하는 비결　　　171

5 본질을 보는 눈과 머뭇거리지 않는 발

혁신에는 마지막 금덩이가 없다　183

광고 없이 가장 신뢰받는 회사가 되다　190

파워포인트를 쓰지 않는 회사　195

네가 만든 개밥을 먹어봐　203

6 극강 효율 아마존식 솔루션

아마존은 하루에 몇 장의 이력서를 받을까?　211

신입사원에게 주어지는 네 가지 생존 도구　216

인사고과 서바이벌　223

아마존은 어떻게 일할까?　231

사내 이직을 독려하는 회사　240

7 정글에서 터득한 생존법

그림과 숫자는 만국 공통어다	249
포스트잇 한 장의 마법	256
대화기록방식 일처리	264
15분짜리 집중력으로 살아남기	270
12년을 버티게 해준 힘	278

8 아마존의 가장 큰 가르침, 나로 서기

후회 최소화 프레임워크	289
아마존으로부터의 독립	297
아마존이 나를 위해서 일하기 시작하다	304
3년 전 일기가 찍어준 마침표	312
나, 아마존, 그리고 미래	319

에필로그	326
그림 자료	334

1

—

여
정
의 시
작

—

아마존에
들어가다

입사 첫날

나의 첫 매니저 톨슨Thorson의 성은 거대한 그의 몸과는 어울리지 않게 리틀Little이었다. 전형적인 미국인인 그는 마이너리티인 내가 가장 어울리기 힘든 부류였지만 첫날부터 과하리만큼 친절히 대해 주었다. 면접을 말도 안 되게 잘 보는 바람에 서너 팀이 나를 원했는데 자기가 말을 잘 해서 나를 영입할 수 있었다고 내심 뿌듯하지만 부담스러운 기대를 내비쳤다.

　입사 첫날, 가장 먼저 한 일은 사원증을 발급받는 것이었다. 파란 바탕의 플라스틱 사원증 위에 즉석에서 어정쩡하게 찍힌 내 얼굴이 프린트되어 나왔다. 사원증 테두리는 5년 차가 되면 노란색으로, 그리고 10년이 되면 붉은색으로 바뀔 거라고 했다. 당시에는 아마존이 아직 10년이 채 되지 않은 터라 붉은색 테두리 사원증을 가진 사람은 한 명도 없었다. 물론 이때는 내가 장차 빨간 테두리를 달게 될 거란 상상도 하지 못했고, 그 색이 점차 얼마나 큰 부담으로 다가올지도 알지 못했다. 그보다 사원증에 끼워야 하는 목줄이 잘 끼워지지 않아 애를 먹었는데, 이런 거 하나 제대로 못 하는 걸 보고 다시 집으로 돌려보내지는 않을지 걱정하는 내가 한심했다.

　사원증을 목에 걸고 내 자리를 안내받았다. 아마존의 절약정신을 뽐내듯 콘크리트 표면을 그대로 드러내고 있는 복도를 끝까지 따라 들어가니 책상이 대여섯 개 정도 놓여 있는 우리 팀의 공간이 나왔다. 너무 일찍 왔는지 9시가 다 되어가는데도 아직 나와 톨슨 말고는 아무도 보이지 않았다. 톨슨의 책상은 시애틀 전경이 보이는 북쪽 벽에 닿아 있었고, 반대로 내 책상은 잔디밭이 보이는 남쪽 벽에 전화기와 모니터를 올려놓고 서 있었다. 베조스 회장이 아마존을 창업할 때 문짝으로 책상을 만든 일화에서 시작해 지금은 혁신과 짠돌이 정신의 상징이 된 그 유명한 '도어 데스크_{door desk}'였

팩메드 시절의 내 사무 공간. 아마존이 들어오기 전에는 병실로 쓰였던 곳이다. 창문 밖으로는 높은 나무들과 잔디밭이 보인다.

다. 그 후 아마존에서 수많은 부서와 건물을 옮겨 다녔지만 퇴사할 때까지 언제나 이 녀석 위에서 일을 했다.

내 자리를 확인하고 나서 8층의 오리엔테이션 장으로 향했다. 처음으로 탄 아마존의 엘리베이터는 무척 특이했다. 내부 면이 모두 화이트보드로 도배되어 있었고, 허리 높이에는 여러 색의 마커가 작은 선반 위에 놓여 있었다. 순간의 아이디어도 놓치지 말라고 붙여둔 것 같은데 뭔가를 써야만 할 것 같은 묘한 압박감이 있었다. 마커를 잠시 들었다가 이내 내려놓았다. 몇 초의 시간 안에 떠오른 좋은 아이디어도 없었고, 아직 내 회사가 아닌 것만 같아 무언가를 쓸 자신이 없었다.

그 대신 눈에 들어온 것은 포부를 가지고 들어온 신입이 입사 첫날 마주하기에는 그다지 적절치 않은 문구였다. "월요일이 싫어!I hate Monday!" 그리고 이 문구 옆에 다른 색상의 '+1'이 몇 개 달려 있었는데 그게 '나도'의 의미라는 것은 쉽게 짐작할 수 있었다. 피식 웃음이 나왔지만, 단순히 웃어넘기에는 여러 감정이 교차했다. 아양 떠는 아이마냥 살짝 '-1'을 옆에 써보고는 문이 열리기 전 다시 지웠다. 이후로도 내 성향 탓인지 엘리베이터 안에서 무언가를 적어본 기억은 거의 없지만, 아마존의 엘리베이터는 애초의 의도와 다르게 이런 식으로 익명의 낙서 공간으로 지금까지 활용되고 있다(아쉽게도 베조스 회장은 이런 엘리베이터 낙서를 많이 보지는 못했을지도 모른다. 팩메드에서 회장을 몇 차례 마주친 곳이 모두 계단이었기 때문이다).

간결하고 합리적인 오리엔테이션

매주 월요일 오전에 진행되는 신입사원 오리엔테이션에는 나를 포함해서 10명 정도가 참석했다. 내용은 크게 아마존에 대한 전반적인 소개와 의료보험, 은퇴연금, 주식 등에 대한 정보로 나뉘었다.

파워포인트 첫 페이지의 내용은 이제는 너무나 유명해진 '세상에서 가장 고객 중심인 회사Earth's Most Customer-Centric Company'라는 아마존의 슬로건이었다. 그 후 지금까지 나는 이보다 더 정체성, 방향, 원칙, 비전, 전략을 아우르는 멋진 슬로건을 보지 못했다. 특별히 나에게 이 짧은 몇 단어가 힘을 가지는 것은 아마존에서 '고객 중심'이 말이 아닌 행동으로 증명되는 것을 목격하고 경험했기 때문이다. 원칙은 믿고 공유되는 만큼의 힘을 가진다는 것이 내가 아마존에서 배운 가장 큰 가르침 중 하나다.

이어진 프레젠테이션에서 아마존의 정체성이 '소프트웨어 회사'라고 들었을 때는 개발자로 입사한 나조차도 '그런가?' 하고 고개를 갸우뚱했다. 당시 아마존을 설명하는 가장 좋은 말은 '온라인 서점'이었고, 소프트웨어 회사라고 하면 떠오르는 구글이나 마이크로소프트 등과는 거리감이 있었다. 아마 지금도 많은 사람들이 아마존을 '인터넷과 소프트웨어를 활용한 전자상거래 사이트' 정도로 생각할지 모른다.

당시에는 굳이 왜 이런 이야기를 할까 궁금했지만 시간이 지나면서 그 이유를 점차 알게 되었다. 초기엔 반스앤드노블, 월마트 또는 이베이에 비교되던 아마존이 어느 덧 애플, 구글, 페이스북 등과 어깨를 나란히 하는 걸 보았기 때문이다. 아마존이 이토록 혁신을 거듭하며 성장할 수 있었던 배경에는 우리가 현재 인터넷 시대의 첫날에 살고 있다는 '데이원Day 1' 정신이 있다. 그리고 그 정신에 비추어 이미 오래전부터 아마존의 정체성을 '소프트웨어 회사'로 규정해온 것이다. 아마존은 이 방향과 정체성대로 4차산업을 선도하는 세계 제일의 소프트웨어 기업 중 하나가 되었다.

2013년 베조스 회장이 미국에서 가장 오래된 신문사 중 하나인 워싱턴포스트를 헐값에 사들였다는 소식이 전해졌다. 아마존으로 합병한 것이 아니라 별개의 회사로 인수한 것이다. 베조스 회장은 이전에 아마존을 규정했던 것처럼 워싱턴포스트를 소프트웨어 회사로 규정했다. 언론의 본질이 아마존식 혁신과 만나 이루어낼 미래가 벌써부터 기대된다.

그리고 한 가지 더 오리엔테이션에서 아직까지도 기억에 남은 이야기가 있다. 당시 월마트에 비하면 구멍가게 수준인 아마존이 왜 앞으로 월마트를 앞지를 수밖에 없는지를 명쾌하게 한마디로 논증한 것인데, 이유인즉 땅값은 시간이 지나면서 오르는데 컴퓨터는 갈수록 싸지기 때문이라는 것이다. 다시 말해 월마트 같은 물리적 상가들은 날이 갈수록 땅값이 올라서 비용이 증가하는 반면, 아마존과 같은 인터넷 회사는 앞으로 컴퓨터 가격이 점점 싸지고 발전하면서 비용은 줄고 기회는 많아진다는 것이다. 그리고 시간이 흘러 우리 모두가 목격하듯 이 가설은 실제로 증명되었다.

전반부의 아마존 회사 소개가 끝나고, 후반부에는 신입사원들이 꼭 알아야 할 주식, 보험 등에 관한 설명으로 이어졌다. 주인의식과 팀워크를 키워준다는 미명 아래 이해하기 힘든 행동을 강압당하는 몇몇 한국 기업들의 신입사원 연수과정과 달리 총 두세 시간 정도 편하게 앉아서 듣는 짧은 오리엔테이션이었지만 끝날 무렵 '아마존이 내 회사다'라는 마음이 들게 하기에는 충분했다.

특히 이러한 마음을 들게 한 것은 사원에게 주어지는 아마존의 RSURestricted Stock Unit 주식 때문이었다. RSU 주식이 일반 주식과 다른 점은 한 번에 받는 것이 아니라 4년에 걸쳐 받는다는 것이다. 예를 들어 100주의 RSU를 받으면 첫해에 10, 두 번째 해에 20, 세 번째 해에 30, 네 번째 해에 40과 같이 뒤로 갈수록 많이 받게 된다. 이는 사원들이 아마존에 더 머물도록 하는 효과가 있다. 이처럼 아마존은 교육이나 연수를 통해 주인의식을 강요하는 것이 아니라 실제로 주인이 된 증표인 회사의 주식을 준다.

오리엔테이션 끝에 참가자들이 그날의 날짜가 적힌 포스터에 자신의 이름을 서명했다. 그 층의 벽에는 매달 입사한 사원들의 친필 서명이 시간순으로 붙어 있었는데 그 끝에 오늘 입사한 우리들의 서명이 추가되었다. 간단한 행위였지만 아마존이라는 회사의 일부가 되는 의식처럼 느껴졌다. 그로부터 오래지 않아 이 의식 행위는 없어졌는데, 아마존이 지속적으로 빠르게 성장하면서 붙일 벽이 없어졌기 때문일 것이다.

그렇게 오리엔테이션을 마치고 사무실로 돌아오니 오전과는 다르게 아마존 사람들이 바쁘게 일을 하고 있었다.

처음 만난
아마조니언들

아마조니언Amazonian이라 불리는 아마존 직원들은 목에 걸고 있는 사원증을 제외하고는 보이는 모습에서 일관성을 찾을 수가 없다. 복장과 성별은 물론이고 나이, 인종, 출신, 배경 모두 제각각이었다. 얼핏 보기에는 그래도 백인이 가장 많았고 다음으로는 인도 출신이 많이 보였다. 개성이 강한 사람들도 많았는데, 심지어 머리를 초록색으로 염색해 닭 벼슬마냥 세우고 다니는 사람도 있었다. 누구도 그의 머리에 신경 쓰지 않는 것이 더 신기했다. 장애가 있거나 휠체어를 탄 이도 심심치 않게 볼 수 있었다.

내가 처음 들어간 디스커버리 QADiscovery Quality Assurance팀은 규모가 매우 작았다. 매니저인 톨슨 밑에는 리타라는 안경 쓰고 말수가 적은 홍콩계 여자 사원 한 명이 전부였고, 내가 두 번째로 채용된 모양이었다. 비어 있는 세 개의 책상은 아직 주인을 기다리고 있었는데 이내 곧 채워졌다. 월반을 거듭해서 대학을 스무 살에 졸업한 중국계 3세 클레어, 인도네시아 부유한 가문 출신의 대학 친구 헨드리, 그리고 인도에서 대학을 나온 후 미국에서 대학원을 갓 졸업한 조비엘이 나와 비슷한 시기에 같은 팀에서 아마존의 직장생활을 시작했다.

당시는 2000년 초까지 많은 위기를 겪으며 앞만 보고 달려온 아마존이 앞서 얘기한 것처럼 '아마존은 소프트웨어 회사다'라는 정체성을 토대로 안정적이고 효율적인 소프트웨어 개발 환경을 구축하기 위해 힘을 쏟기 시작한 시점이었다. 그 일환으로 마이크로소프트에서 저명한 소프트웨어 테스팅 관련 디렉터를 스카우트했고, 그의 지휘 아래 자동화 및 테스팅 관련 팀들을 세우는 중에 나와 동료들이 입사하게 된 것이다.

당시 아마존 코드를 직접 쓰던 개발자들의 포스는 남달랐다. 리눅스Linux 개발에 참여했던 할아버지뻘 되는 개발자도 있었고, 내가 대학에서 사용하던 프로그램을 직접 만든 박사도 있었다. 옆 팀의 조너선 스워츠는 아마존이 새로이 사용하던 펄Perl 언어 기반의 웹사이트 프레임워크를 직접 만든 장본인이기도 했다. 비유를 하자면 한 건설회사에서 새로운 건축공법을 창시한 사람을 고용한 것과 같았다.

천재와 괴짜, 그리고 소설가

이들 중에서도 나를 가장 놀라게 한 사람은 그라브 오베로이라는 젊은 인도계 미국인이었다. 안경을 쓴 까무잡잡한 얼굴에 몸도 왜소했지만 항상 웃고 있어서 그런지 천재들이 풍기는 묘하면서도 유쾌한 분위기가 있었다. 내가 들어오고 나서 두세 달 후에 입사한 그는 내가 몇 달간 끙끙대던 것들을 단 며칠 만에 완벽히 이해했다. 나보다 먼저 있던 사람들이야 '오래 있어서 다 아는 거겠지' 하면서 겨우 정신 승리를 하고 있던 차였다. 몇 주 뒤에 그라브가 주말 동안 당시 팀에 큰 도움이 된 응용 프로그램을 혼자서 뚝딱 만들어 오는 것을 보고는 질투를 넘어 입이 떡 벌어졌다. 이후 그라브는 1년 만에 승진했지만 머지않아 친구와 둘이서 스타트업을 하러 아마존을 떠났다. 현재 그는 세 차례나 자신이 만든 벤처 기업을 성공적으로 인수시킨 뒤 새로운 인공지능 관련 스타트업을 준비 중이다. 내가 아마존에서 만난 몇 명의 천재 중 첫 번째 인물이다.

반면 대조되는 인물도 있었다. 그라브와 비슷한 시기에 개발팀에 들어온 그의 이름은 스콧으로 기억하고 있다. 콧수염을 기르고 삐쩍 마른 백인 할아버지였는데, 매일 오토바이를 타고 출근하고 가죽 재킷에 파일럿 모자를 즐겨 쓰는 괴짜였다. 개성 강한 성격보다도 어찌나 쓸데없는 말이 많은지 다른 직원들에게 방해가 될 정도였다. 안타깝게도 실력은 말을 따라오질 못했는지 몇 주가 지나도 맡겨진 프로젝트를 끝내지 못하고 지지부진했다. 결국 그는 두 달을 채우지 못하고 아마존을 떠나고 말았다. 그가 해고된 날은 금요일이었다. 그날도 파일럿 모자를 쓰고 농담을 하며 출근한 그를 매니저가 조용히 다가와 데려갔다. 잠시 후에 흥분된 얼굴로 상자 하나와 함께 돌아온 그는 간간이 욕설을 섞어가며 자신의 물품을 챙기기 시작했다. 이미 그가 사용하던 컴퓨터는 혹시라도 마음이 상해서 이상한 짓을 하거나 정보를 빼가지 못하도록 잠겨 있었다. 그가 저주에 가까운 인사를 남기고 떠나자 한순간 분위기가 가라앉았다. 그때 옆에서 누군가가 알려주었다. 다음 날 찾아와서 난동을 부리지 못하도록 해고일은 언제나 금요일이라고. 고용과 해고가 자유롭다고 듣긴 했지만 이렇게 칼같이 처리되는 것을 보니 등줄기가 서늘했다.

　내가 입사한 지 얼마 되지 않아 스스로 나간 이도 있었다. 재커리는 다른 개발자들에 비해 조금 더 인간적인 매력이 있었고, 내가 알아들을 수 있는 말로 설명을 해주어서 초반에 나는 그에게 모르는 것들을 많이 물어보았다. 그런 그가 아마존 생활을 힘들어하다가 마지막 날도 새벽까지 일한 뒤 장문의 이메일을 쓰고 떠났기 때문에 나는 재커리를 잊을 수가 없다. 특히 그는 개발자들이 일주일씩 돌아가며 맡던 온콜on-call(당직)에 굉장한 스트레스를 받고 있었다. 온콜은 낮이든 밤이든 시스템에 문제가 생길 때마다 자동으로 울리는 삐삐를 받고 수 분 내로 컴퓨터를 켜고 문제를 해결해야 했다. 당시 아마존의 코드는 매우 복잡해서 문제를 고치는 것이 쉽지 않았기 때문에 밤잠을 설치는 경우도 많았다. 결국 재커리는 팩메드 꼭대기에서 삐삐를 집어던지는 내용의 풍자적인 단편소설을 인터넷에 남기고는 회사를 떠났다(그의 글은 amazork.com이란 웹사이트에 아직도 남아 있으며, 개발자로만 남기에는 아까운 글솜씨를 가졌던 그는 이후 아마존을 떠나 교수 겸 소설가가 되었다).

이런 다양한 사람들과 그들이 만들어놓은 문화와 코드 속에서 나의 아마존 여정은 시작되었고, 마치 혼자 헤쳐 나가야 하는 낯선 정글에 발을 내딛은 것과 같았다. 또 이제 갓 입사한 사원의 눈에 그곳은 여러 가지 이유로 오래 머물기 힘든 곳처럼 보이기도 했다.

하지만 다행히도 비슷한 시기에 입사한 팀원들이 있어 고충을 함께 나눌 수 있었다. 그로부터 15년이 지난 지금 우리는 모두 각자의 길을 걷고 있다. 클레어는 네 번째 회사에서 개발자를 계속하고 있고, 헨드리는 인도네시아로 돌아가 아버지 사업을 물려받아 경영하고 있으며, 조비엘만이 아직까지 아마존에 남아 개발자 매

아마존 절약정신의 상징인 도어 데스크. 인턴부터 회장까지 아마존의 모든 사원은 이 길쭉한 책상을 사용하며, 개방된 공간에서 팀 단위로 일하는 것이 일반적이다.

니저로 근무하고 있다. 내 상사였던 톨슨은 이후 테스팅팀 매니저에서 개발자로 직책을 바꿔 근무하다가 과도한 스트레스를 받고 아마존을 떠났다. 그리고 현재는 다시 테스팅 개발자가 되어 시애틀의 다른 회사에서 근무하고 있다. 아이러니하게도 15년 전 나의 상사가 내가 처음 아마존에서 시작했던 그 직책으로 현재 일하고 있는 셈이다.

뭐 이런 곳이
다 있지?

인테그리티가 중시되는 회사

아마존의 첫 시간들을 떠올려보면 나는 모든 것이 생소한 땅에 처음 온 이방인이 따로 없었다. 한국 드라마에서처럼 깔끔한 슈트에 반짝이는 구두를 신고 파워포인트 프레젠테이션을 넘기며 멋들어지게 회의를 진행하는 내 상상 속의 회사와는 극단적으로 다른 자유분방한 곳이었다. 처음에는 인사하는 것도 어색했다. 까마득한

아마존에는 매일 수천 마리의 반려견이 주인과 함께 출근한다. 건물 로비마다 강아지 비스킷이 있고 사내에 따로 공원까지 만들 정도로 아마존은 개에 대해 관대하다. 이는 초창기 아마존 사원 부부가 데리고 와서 아마존 마스코트 역할을 했던 루퍼스(Rufus)로부터 시작된 문화다.

상사에게 손을 흔들며 이름을 부르는 것에 익숙해지기까지는 시간이 좀 더 필요했다. 이곳 사람들은 사전에도 나오지 않은 전문용어와 농담을 썼고, 발을 탁자 위에 올리거나 심지어 개를 데리고 들어와서 쓰다듬으며 회의를 진행하기도 했다. 회의는 직급이나 역할에 상관없이 직설적인 질문과 답이 오가는 토론장 같았다.

　요즘은 세계 각국의 젊은 인재들이 모이면서 시애틀 여피족

Yuppies(젊은 고연봉자) 소리를 들을 정도로 많이 세련됐지만, 당시 아마 존 사원들의 복장은 심하다 싶을 정도로 자유로웠다. 개발자들은 특히 더해서 후드티는 물론이고 반바지에 슬리퍼 차림으로 출근해도 누구 하나 뭐라 하는 사람이 없었다. 오히려 편한 복장에서 너드nerd와 긱geek의 교집합에 속한 해커들이 풍기는 아우라가 느껴지기까지 했다. 윗옷으로는 사시사철 주로 반팔 티셔츠를 입는데 이전 회사 로고가 박힌 셔츠를 입는 이해하기 힘든 사람들도 많았다. 또 스포츠 팬들은 어찌나 많은지 야구나 미식축구 경기가 있는 날이면 응원복 차림이 판을 쳤다. 그나마 MBA 출신의 비즈니스 파트 직원들은 청바지에 셔츠를 주로 입어서 복장만 쓱 보면 역할을 가늠할 수 있었다. 간혹 정장을 입은 이들은 대부분 드레스 코드를 맞추지 못하고 인터뷰를 보러 온 어리숙한 면접자이거나 다른 회사에서 온 방문자였다.

동양에서 예의라고 배웠던 것들은 찾아보기 힘든 아마존이었지만 보이지 않는 다른 규칙들이 있었다. 우선 그들 대부분은 둘러대는 거짓말을 하지 않았다. 회사에 조금 늦었을 때나 일찍 퇴근하고 싶을 때도 듣기 좋은 말로 돌려 말하는 법이 없어서 때로는 뻔뻔하게 느껴질 정도였다. 문제가 있으면 있는 그대로 돌직구로 말하는 업무상의 커뮤니케이션도 마찬가지였다. 돌아보니 나에게는 때론 상대를 배려한다는 핑계로, 아니면 곤란을 면하기 위해 곧이곧대로 말하지 않는 습관이 배어 있다는 것을 그때 비로소 알게 되었다. 말도 이메일도 '사실대로 요점만 간단히' 말하는 아마존의 언어는 이런 나에게 꽤나 낯선 문화였다.

또한 뒤에서 상사나 다른 사람을 험담하는 행위는 질 낮은 취급을 받는 분위기였다. 물론 사람이 모여 있는 곳이니 모두가 항상 잘 지낼 수는 없지만 아마존은 어려움과 불만을 이야기할 수 있는 정식 창구가 따로 있었다. 매니저의 가장 중요한 업무 중 하나인 원온원1 on 1 미팅은 별다른 포맷 없이 매니저가 매주 한 시간가량 한 명의 팀원과 단 둘이 이야기하는 것이다. 주로 앞으로의 계획을 함께 짜거나 회사 내의 고충을 이야기하는데, 누군가 때문에 불만이 있다면 매니저에게 가감 없이 말할 수 있다. 뒤에서 남을 욕한다는 측면에서는 크게 다를 것이 없지만 목적이 감정 해소가 아닌 문제 해결이라는 점에서 차이가 있다(상사가 마음에 들지 않을 경우에는 한 달에 한 번 있는 그의 윗사람과의 원온원 미팅에서 토로할 수 있다).

한마디로 아마존은 기본적으로 예의나 복장, 어투, 태도보다는 능력과 다양성 그리고 인테그리티integrity가 중시되는 사회였다. 인테그리티는 미국에서 많이 사용되지만 한국어로는 한마디로 번역하기가 쉽지 않은 단어로, 간단히 정의하면 '아무도 보고 있지 않아도 옳은 일을 하는 것Doing the right thing, even when no one is watching'이다. 위로부터 강요되는 권위에 따르거나 남의 눈을 의식하기보다는 스스로 지킬 것은 지키고 할 말은 하는 분위기가 어색하지만 묘한 매력이 있었다.

원칙이 정말로 지켜지는 곳

아마존 정글의 또 하나의 법칙은 각자가 독립적이고 주체적으로 일한다는 것이다. 공채가 없어서 개별적으로 채용되고, 신입 연수 프로그램 같은 것도 존재하지 않았다. 모르는 것투성인데 친절히 알려주는 사람도 없어서 초창기에는 매일 깜깜한 방 속에 혼자 있는 것만 같아 답답했다.

아마존에서의 첫 일주일은 톨슨이 건네준 생전 써본 적이 없는 펄 언어 관련 책과 아마존 개발자들이 쓰는 운영체제인 유닉스UNIX, 그리고 아마존의 이것저것을 혼자 공부하면서 보냈다. 첫날 화장실에 가도 되느냐고 묻는 나를 톨슨은 외계인 보듯 쳐다보았다. 일하면서 음악을 들어도 되는지, 회의에 몇 분 늦어도 괜찮은지, 퇴근은 상사가 집에 가고 나서 해야 하는지 하나부터 열까지 조심스러웠던 기억은 결국 며칠을 채 넘기지 않고 사라졌다.

2주째부터는 본격적으로 업무에 투입되었다. 첫 번째로 맡은 일은 아마존 브라우즈browse 서비스에 대한 테스팅 자동화 업무였다. 브라우즈 서비스는 고객이 아마존에서 원하는 제품을 최대한 빠르게 찾을 수 있도록 하기 위한 제품 검색 및 분류 등의 모든 기능을 포함했다. 기존의 기능과 지속적으로 추가되는 새로운 기능이 잘 작동하는지를 수동으로 확인하는 대신 자동으로 해당 기능들을 테스트하는 프로그램을 만들어 완성도를 확인하는 것이 아마존에서의 나의 첫 임무였다.

다소 당황스러웠던 것은 이 업무에 대한 전권이 일한 지 일주일밖에 안 된 나 같은 햇병아리에게 주어졌다는 것이다. 이게 아마존의 방식이었다. 상사인 톨슨은 조언자와 매니저의 역할을 해주는 것이 전부였다. 톨슨의 조언에 따라 우선 '테스트 계획 문서'를 만들었다. 물론 아는 것이 별로 없었기 때문에 사내 위키에 존재하는 정보들을 먼저 공부하고 관련 사람들에게 한 명씩 만남을 요청해서 모르는 것들을 물어보았다. 그리고 일주일 정도가 걸려서 어떤 방식으로 테스트할지를 설명하고 실행될 테스트 케이스들을 나열한 6쪽짜리 문서가 완성되었다.

톨슨에게 한 차례 검증을 받아 수정한 뒤에 문서를 첨부하여 직접 관련자들에게 회의 초청을 보냈다. 그리고 회의 날이 되었다. 다소 긴장은 했지만 다행히 회의는 큰 무리 없이 진행되었다. 아마존의 회의는 진행자보다 참석자들이 더 말이 많은 경우가 많다. 회의 초반에는 우선 준비된 문서를 각자 조용히 읽고 그다음부터 질문 공세가 펼쳐진다. 다행히 신입이라는 것을 감안해주었는지 평소 다른 회의에서 보던 뾰족한 질문들은 많지 않았다.

이후 남은 것은 계획 문서대로 테스트 프로그램을 짜고 실행하는 일이었다. 테스트가 3분의 2 정도 진행되었을 때 개발팀 매니저인 브라이언이 소집한 회의가 열렸다. 개발팀의 수장답게 그는 민머리에 날카로운 눈매를 가진 매우 카리스마 넘치는 인물이었다.

개발팀 입장에서는 새로운 기능을 최대한 빨리 론칭해야 하는 상황이라 테스팅팀의 오케이를 받으려는 것이 해당 회의의 목표였다. 아무래도 내가 시간을 너무 끈 모양이었다. 지금 상태로 론칭이 가능한지를 나에게 물었고 모두의 시선이 나에게 향했다.

"아직은 준비가 끝나지 않았습니다.No. It is not ready yet."

그저 테스팅이 완전히 끝나지 않아 문제의 소지가 약간 있다는 것을 말하려 했을 뿐인데 일이 조금 커졌다. 이어서 일주일의 테스트 시간이 더 필요하다고 말하자 잠시 침묵이 흘렀다. 그리고 브라이언이 별로 밝지 않은 표정으로 론칭 날짜를 일주일 뒤로 옮기겠다고 결정하고, 회의는 마무리되었다.

사실 나는 현재 테스팅 상황을 보고하고 최종 결정은 매니저들이 알아서 할 거라고 생각했는데 입사한 지 한 달이 채 안 된 신입사원의 말 한마디에 오랫동안 준비된 프로젝트 론칭이 연기된 것이다. 혹시 실수를 한 건 아닌지 얼떨떨한 기분이었다. 그날 오후에 브라이언이 찾아왔다. 원하면 크게 문제가 될 것 같지 않으니 그냥 론칭하라고 말하려던 차에 그는 자판기에서 아이스크림을 하나 사주며 뜻밖의 이야기를 해주었다.

내가 오늘 한 행동이 아마존이 강조하는 리더십 14개 원칙 중 하나라는 것이다. 그러고는 13번째 원칙인 '강골기질: 반대하되 헌신하라Have Backbone: Disagree and Commit'를 인용했다. 그리고 앞으로도 흔들리지 않고 항상 사실을 이야기해달라는 격려의 말을 얹었다.

상황 봐가면서 융통성 있게 행동할 것이지 신입 주제에 프로젝트를 연기시켰다고 질책을 당할 줄 알았다. 그런데 도리어 격려를 받고 나니 '뭐 이런 곳이 다 있지?'라는 생각이 절로 들었다. 게다가 회사 원칙을 인용하다니. 뭔가 유치한 공익광고를 본 것 같은 오그라드는 감정 너머에는 이곳이 내가 그 전에 속했던 세상과는 다른 곳이라는 것과 이곳에 내가 조금씩 동화되고 있다는 것을 느끼게 되었다.

생각해보니 내가 살아온 사회는 '말 따로, 행동 따로'인 경우가 많았다. 원칙은 거창하지만 그걸 진짜 믿고 지키면 바보가 되는 사회였다. 교실에 걸려 있던 '정직하게 최선을 다하자' 같은 급훈을 친구에게 인용하다가는 시답잖은 취급을 당할 게 뻔했다. 그런데 아마존의 원칙은 진짜였다. 이곳 사람들은 그 원칙을 정말 믿었고 그대로 행동하려고 노력하고 있었으며, 그것이 이상하거나 유치한 행동이 아니었다.

내가 지금까지 살던 세계와 이곳 아마존의 차이를 한마디로 설명해야 한다면 그것은 '말과 행동의 거리'다. 한마디로 아마존은 말과 행동의 거리가 아주 가까웠다. 군더더기 없이 명료한 곳, 능력과 청렴성이 우선인 곳, 주체적으로 일하는 곳, 그리고 원칙이 정말로 지켜지는 곳. 이것이 내가 받은 아마존의 첫인상이다. 시간이 지나면서 이 낯설었던 문화는 점점 나의 일부가 되었고, 나는 아마존이란 정글에 나도 모르는 사이 천천히 흘러들어 가기 시작했다.

2

—

아마존의 문화, 공간 그리고 사람들

—

건물로 알아보는 아마존

아마존이 비싼 도심으로 간 이유

난 아마존의 첫 본사인 팩메드에 애착이 많다. 고풍스러운 느낌의 오렌지색 벽돌 건물, 아름다운 시애틀 전경이 보이는 사무실과 회의실, 넓고 푸른 잔디밭과 키가 수십 미터나 되는 고목들. 게다가 팩메드 바로 옆에는 거의 매일 거닐던, 시애틀 토박이도 잘 모르는 나만의 비밀 장소가 있었다. 그곳을 발견한 건 우연이었다. 어느 날

시애틀과 대전의 자매도시 결연 기념으로 만들어진 대전정은 팩메드에서 걸어서 5분 거리에
있다. 매일 머리를 식히려 오가던 나만의 추억 장소는 지나고 보니 나의 정체성과도 어딘가 닮
아 있다.

머리를 식힐 겸 회사 주변을 걷다가 뜬금없이 한국식 정자가 있는 공원을 발견한 것이다. 정자 현판에는 '대전정'이라는 한글이 쓰여 있었다. 1998년 시애틀과 대전이 자매도시를 맺으며 지어진 공원이라는 것은 공원 안내문을 읽고 나서야 알게 되었다(검색해보니 대전에도 시애틀 공원이 있다!).

내가 입사한 무렵은 2000명가량이던 직원이 꾸준히 늘어나면서 아마존이 팩메드 이외에 조금씩 다른 건물의 일부 층들을 빌려 쓰기 시작한 시점이었다. 그중에는 100년이 넘은 기차역인 유니언 스테이션Union Station 옆의 건물들도 있었고, 시애틀에서 가장 높은 컬럼비아 타워Columbia Tower도 있었다. 그렇다 보니 회의를 한번 하려면 멀찍이 떨어져 있는 건물들 사이를 이동해야 하는 일들이 생기기 시작했다. 셔틀을 이용할 수 있긴 했지만 한 건물에 있을 때보다 여간 불편한 일이 아니었다. 아마존은 새로운 보금자리를 찾아야 했고 고심 끝에 북쪽 시애틀 다운타운인 사우스 레이크 유니언South Lake Union(줄여서 SLU) 지역에 대대적인 투자를 시작했다. 이는 일반적 상식에서 벗어난 획기적인 결정이었다. 다운타운이라 외곽에 비해 땅값도 훨씬 비쌀뿐더러 이미 오래된 건물들이 자리를 잡고 있는 지역이었기 때문이다. 위치는 좋으나 교통도 복잡하고 높은 건물이나 상가 대신 오래된 창고식 건물과 노숙인이 많은 곳이었다.

2007년부터 아마존은 부동산 개발사인 벌컨Vulcan 및 시애틀시와 손잡고 이 지역에 대한 대대적인 개발을 시작했다. 벌컨은 땅을 사

들여 기존 건물들을 부수고 아마존을 위한 건물들을 올렸고, 시애
틀은 이 지역에 길을 새로이 깔고 스트리트 카street car(지상전철) 노선
을 만들었다. 아마존의 새로운 캠퍼스를 위한 엄청난 작업이 시작
된 것이다. 사원들에게 이러한 청사진이 처음 알려졌을 때 봤던 상
상도가 기억이 난다. 현대식 건물과 초록색 자연, 그리고 사람들이
조화롭게 어울려 있고 알록달록한 스트리트 카가 그려진, 인상 깊
지만 다소 비현실적으로 이상적인 그림이었다. 그리고 3년이 지나
아마존의 상상, 아니 계획은 현실이 되었고, 결국 정들었던 팩메드
를 떠나 새 캠퍼스로 오게 되었다.

이제 시애틀 다운타운에는 40개 남짓의 아마존 건물에서 4만 명
이 넘는 아마조니언들이 일하고 있다. 도시 중심의 캠퍼스가 최고
의 인재들에게 매력적일 것이라는 아마존의 계산이 맞아 들어간
것이다. 돌아보면 이 또한 베조스 회장의 고객 중심적 사고가 반영
된 결정이다(여기서 고객은 물건을 찾는 소비자가 아니라 회사를 찾는 인재들이
다). 결과적으로 젊고 유능한 인재들이 실리콘밸리 등지에서 대거
이동했고, 아마존 사원 5명 중 1명은 걸어서 출근할 만큼 인근에는
새로운 주상복합 건물도 많이 생겼다. 아마존은 시애틀에서 단연
가장 큰 고용주가 되었고, 2016년부터 시애틀은 중간가계소득median
household income이 자그마치 8만 달러가 넘어 미국에서 가장 잘사는 도
시가 되었다.

외곽이 아닌 도심에 건물을 확장한 아마존의 선택은 또 다른 혁

신을 가져오고 있다. 새로이 추가된 8만 평이 넘는 사무 공간은 이웃 회사들의 데이터 센터에서 나온 열기로 온수와 난방을 해결하는 디스트릭트 에너지 시스템district energy system을 도입했다. 노트북 컴퓨터를 다리 위에 놓고 쓰다 보면 허벅지가 금세 뜨거워지는 것을 경험해보았을 것이다. 비슷한 원

시애틀의 스트리트 카

리로 대량의 컴퓨터에서 발생한 열기를 파이프로 끌어와서 재활용하는 방식으로, 이는 도심이기 때문에 가능한 것이다. 환경에 도움이 되는 터라 시애틀시는 물론이고 해당 난방 시스템을 설계한 맥킨스트리McKinstry, 그리고 건설회사까지 비용을 함께 부담해주니 아마존의 묘수에 혀를 내두를 수밖에 없다.

물론 아마존이 확장하면서 피해를 보는 이들도 생겼다. 아마존이 들어서고 시애틀의 집값과 월세가 상승하면서 소득수준이 낮은 주민들은 점차 외곽으로 밀려나고 노숙인도 더욱 많아진 것이다. 아마존은 이런 문제에 책임을 피하지 않고 여러 형태의 기부 활동을 해오고 있다. 베조스 회장은 자선 형태도 기존의 것이 아닌 창조적이고 혁신적인 방법을 원해서 자신의 트위터에 기부 아이디어를 공개적으로 요청하기도 했다. 얼마 전 아마존은 신사옥에 노숙

인들을 위한 무료 주거지를 마련할 것이라고 발표했다. 시애틀 비영리단체인 메리스 플레이스Mary's Place와 제휴하여 200여 명의 노숙인들이 석 달간 무료로 기거하며 사회에 자립할 힘을 기르도록 도울 계획이라고 덧붙였다. 노숙인들에게도 일시적인 도움이 아니라 진정 장기적으로 필요한 것이 무엇인지를 고민한 흔적이 엿보이는 대목이다.

현재 아마존은 또다시 거대한 확장 계획을 진행 중이다. 시애틀에 이어서 새로운 도시에 아마존의 제2본사를 건설할 것이라고 발표하고 유치할 도시를 모집한 것이다. 이에 1년이 넘는 기간 동안 238개에 달하는 도시들이 엄청난 혜택을 앞세우며 피 터지는 입찰 경쟁에 돌입했고, 아마존은 다리를 꼬고 앉아서 물건이 아닌 도시를 쇼핑하기 시작했다. 게다가 유치전을 이용해 수집한 수많은 도시들의 정보를 장차 아마존의 미래 계획에 활용할 것이라는 소문이 돌기도 했다. 2018년 초 최종 후보 도시로 20군데가 추려졌다는 소식이 들렸다. 그즈음 아마존 출신 동료들은 만나기만 하면 후보지에 대한 자기 의견을 이야기하기 바빴는데, 아무래도 비교적 개발 비용이 저렴한 텍사스 오스틴이나 콜로라도 덴버를 꼽는 이들이 많았다.

하지만 아마존의 발표는 역시나 많은 이들의 예상을 빗나갔다. 2018년 11월, 어마어마한 땅값에도 불구하고 뉴욕 월스트리트 바로 옆의 롱아일랜드시티Long Island City와 정치 1번지 워싱턴 DC 인근의 내셔널 랜딩National Landing이 최종적으로 선정된 것이다. 시애틀 캠퍼스의 경험을 통해 당장의 비용보다는 미래에도 변하지 않는 지리적 이점과 풍부한 고급 인재 유치를 우선으로 생각해 내린 결정이라 볼 수 있다. 애초에 제2본사가 생기고 나면 시애틀과 새로운 도시 사이에 보이지 않는 경쟁을 부추겨 양쪽 도시로부터 지속적인 혜택을 챙기는 영악하리만큼 똑똑한 경영을 할 것으로 예측했었다. 하지만 아예 제2본사까지 두 곳으로 나누어 꾸준히 경쟁을 시키려는 아마존의 속셈에는 또다시 두 손 두 발 다 들고 말았다(이후 2019년 2월 15일, 일부 정치인과 민간단체의 거센 반대에 부딪힌 아마존은 두 곳 중 뉴욕주의 건설 계획 철회를 발표했다).

건물 이름에 녹아 있는 아마존의 이야기들

새로운 캠퍼스로 옮긴 후 내가 거쳐간 건물은 '피오나Fiona', '웨인라이트Weinwright', '데이원Day 1', 그리고 '메이데이Mayday'까지 총 네 곳이다. 다소 연관성이 없어 보이는 이 이름들은 모두 아마존과 관련된 이야기를 담고 있다. 팩메드를 떠나 처음 간 곳은 피오나 건물이었는데, 당시 나는 아마존 킨들Kindle 부서에서 일하고 있었다. 이 피오나는 다름 아닌 킨들의 코드 네임code name이다. 코드 네임은 일종의 암호명으로, 아마존에서 새로 시작하는 프로젝트나 사업군은 주로 코드 네임으로 불린다. 아직 정식 명칭이 지어지지 않은 이유도 있지만 무엇보다 외부에 정보를 노출시키지 않기 위함이다. 딱히 공식은 없고 주로 짧고 기억하기 쉬운 이름으로 짓는다. 피오나의 경우 당시 담당자가 읽던 책에 많이 나온 주인공 이름이라고 전해진다.

이런 식으로 코드 네임으로 지어진 아마존 건물들이 꽤 있다. '도플러Doppler'는 아마존의 스마트 스피커인 에코Echo, '오터Otter'는 아마존 최초의 태블릿인 파이어Fire, '루비Ruby'는 아마존의 의류 스토어, '후디니Houdini'는 한 시간 배송 서비스인 아마존 프라임 나우Prime Now, '크리켓Criket'은 아마존 인도, '빅풋Big Foot'은 영화 데이터베이스인 아이엠디비IMDB의 코드명들이다.

이 외에도 재미있는 이름들이 많다. 두 번째로 일하게 된 건물인 웨인라이트는 다름 아닌 아마존의 첫 고객 이름을 따서 지은 것이다. 그는 1995년에 27.95달러를 주고 아마존에서 인공지능 관련 책을 구입했다. 그는 당시 아마존이 보낸 첫 번째 구매 내역표를 아직도 보관하고 있는데, 언젠가 베조스 회장이 거액을 주고 사기를 기대하고 있다고 한 인터뷰에서 농담 삼아 말했다. 그런가 하면 '루퍼스Rufus'는 초창기 아마존 직원이 데리고 오던 개의 이름이다(1999년 즈음 아마존의 중요한 업데이트 배포를 위한 최종 버튼을 누를 때 개발자가 루퍼스의 앞발을 잡고 눌렀다는 귀여운 에피소드가 있다). 또한 '로플라잉호크Low-flying-hawk'는 초창기 아마존 웹서비스 커뮤니티에서 참여도가 높왔던 익명 고객의 아이디다. 아마존은 '회의에 고객이 참여한 것 같다'며 그의 의견을 다방면에서 반영했다고 전해진다.

세 번째로 옮긴 데이원 건물은 아마존의 유명한 철학에서 따왔다. '우리가 인터넷 시대의 첫날에 살고 있다'는 것을 의미하는 데이원Day 1은 아마존의 무한하고 긍정적인 혁신의 원동력이 되는 단어다. 워낙 아마존 정신의 근간이 되는 단어라 내가 있

1995년 4월 3일 구매된 아마존의 첫 주문 도서.

을 때는 마주한 건물 두 개에 이름을 나눠 붙여서 하나는 '데이원 사우스Day 1 South', 다른 하나는 '데이원 노스Day 1 North'로 불렀다. 그런데 얼마 전에 37층짜리 건물이 완공되면서 이 이름을 가져가 버렸다. 이 새로운 건물 앞마당에는 세 개의 구 모양 형태에 400여 종의 식물이 들어 있는 아마존 스피어Amazon Sphere가 있고, 또 최초의 무인 식료품점인 아마존 고Amazon Go도 자리 잡고 있어 명실상부 플래그십flagship 건물이 되었다. 데이원 건물을 비롯한 아마존 본사를 구경하는 투어도 시작되었는데, 이미 6개월 뒤까지 다 예약되어 있을 만큼 성황이다.

주목할 만한 점은 건물명의 가장 큰 비중을 차지하는 이름들이

희귀 식물들이 자라고 있는 아마존 스피어는 아마존 사원들의 휴식 공간을 넘어 시애틀의 랜드
마크로 자리 잡았다. 내부로 들어가면 평생 맡아보지 못한 오묘한 향과 높은 습도가 다양한 모
습의 식물들과 더불어 아마존 정글을 연상시킨다.

다름 아닌 아마존의 내부 소프트웨어와 관련되어 있다는 것이다. 배포를 담당하는 '아폴로Apollo', 고객 서비스 툴인 '애리조나Arizona', 자바 기반 웹서비스 플랫폼 '코랄Coral', 초창기 아마존 웹서버인 '오비도스Obidos', 코드 빌드 툴인 '브라질Brazil', 디렉토리 서비스 '갤럭시Galaxy', 모니터링 서비스 '네스Ness' 등은 사실 외부인들에게 생소하며 간단히 설명하기 힘든 이름들이다. 나는 이런 내부적 건물명이 많다는 점이 외모보다 내실이 튼튼한 아마존의 캐릭터를 잘 보여준다고 생각한다. 보이지 않는 곳에서 소프트웨어 회사로서의 내부적 혁신을 끊임없이 해온 결과, 고객들이 먹을 수 있는 맛있는 열매들이 주렁주렁 열린 것이다.

곳곳에 묻어나는
창업주의 절약정신

아마존 정신의 상징물, 도어 데스크

아마존 사원들의 책상은 길이가 보통 책상보다 반 정도 긴 두꺼운 원목이다. 도어 데스크라 불리는 이 책상에는 베조스 회장의 유명한 일화가 담겨 있다. 사원 수가 한 자릿수였던 창업 초기에 직원들의 책상을 구입하러 갔다가 책상보다 문짝의 가격이 훨씬 싼것을 보고 문짝과 각목을 사서 책상으로 만들어 쓰기 시작한 것이다. 현재까지도 인턴부터 회장까지 아마존의 모든 사원은 길쭉한 도어 데스크를 사용한다. 회의실도 예외가 아니어서 도어 데스크를 이어서 회의실 탁자를 만들어놓았다. 회장이 "도어 데스크야말로 검소함의 상징이며, 아마존은 고객에게 중요한 곳에만 돈을 쓴다는 의미에서 도어 데스크는 매우 중요하다"라고 인터뷰에서 밝힐 만큼 아마존에게는 특별한 책상이다. 또한 틀에 박힌 사고에서 벗어나 혁신적이고 창의적으로 문제 해결 방법을 찾은 창업주의 정신을 기리는 상징이기도 하며, 모든 사원이 지위의 높고 낮음 없이 같은 책상을 사용함으로써 사원들 간의 계급이나 거리를 없애는 기능을 하기도 한다.

아마존에서 책상과 관련하여 재미있는 것 중 하나는 사원들의 상당수가 서서 일한다는 것이다. 스탠드업 책상은 신청하면 사원의 신체 수치에 따라 맞춤으로 만들어준다. 나도 허리 디스크가 있어서 10년 이상 사용했는데 서서 일하다가 다리가 아프면 높이가 조절되는 의자에 앉아서 일하는 등 수시로 자세를 바꾸며 일하곤 했다. 절약을 중시하는 회사이기는 하지만 사원 건강에 관련된 부분은 예외여서 최근에는 자동으로 높이가 조절되는 전동식 도어 데스크나 높이가 자유자재로 조절되는 모니터 설치대 등도 신청하여 무상으로 쓸 수 있다.

비싼 회사 식당

아마존의 지독한 절약정신은 도어 데스크가 즐비한 사무실뿐 아니라 사내 식당, 복도, 부엌, 계단 등 곳곳에서 찾아볼 수 있다. 가끔 다른 지역이나 한국에서 지인이 방문하면 회사를 구경시켜주고 사내에서 점심을 먹곤 했는데, 유기농 건강식에 한 번 놀라고 다른 식당보다 더 비싼 가격에 두 번 놀라곤 했다. 인근에서 재배한 유기농 재료만을 써서 만든 기본 점심 메뉴는 보통 10달러 정도이며, 아마존이 직접 운영하지 않고 다른 업체를 통해 운영된다. 유명한 셰프들을 고용해 아침부터 저녁까지 고급 음식과 디저트 뷔페를 무료로 제공하는 구글이나 페이스북과는 굉장히 대조적이다. 구글과 페이스북은 최고의 인재들을 영입하고 그들을 만족시키기 위한 나름의 철학을 가지고 있는 반면, 아마존은 그런 돈 아껴서 고객에게 쓰겠다는 마인드가 강하기 때문이다.

유기농을 고집하는 것은 '자연 친화'와 '장기적 관점'이 아마존이 중요하게 생각하는 가치이기 때문이다. 단순히 값싸고 맛있는 음식보다는 좀 더 비싸도 자연과 건강에 좋은 음식을 선호하는 것이다. 싸지는 않지만 건강하고 깔끔한 음식들이라 여전히 많은 사원들은 사내 식당을 애용한다. 샐러드바와 그릴 요리 등은 매일 제공되고, 요일마다 바뀌는 특선 메뉴가 따로 있다. 식당 음식이 마음에 들지 않거나 식사비를 아끼기 위해 도시락을 싸오는 사람들도 흔히 볼 수 있는데 대개는 동양인 계통의 사원들이다.

비싼 회사 식당 때문에 주위에 다양한 식당이 생기는 동시에 두 가지 재미있는 현상이 발생했는데, 첫 번째는 아마존 캠퍼스 주변에 생긴 푸드트럭 문화이고, 두 번째는 피치Peach라는 아마존 출신들이 만든 점심 소셜 커머스 스타트업이다. 점심시간에 아마존 캠퍼스 주변에는 다양한 푸드트럭을 볼 수 있다. 종류는 핫도그와 햄버거부터 인도, 타이, 하와이, 한국 퓨전 음식까지 다양하며 첨단 기업 부근의 푸드트럭들답게 모바일 결제, 소셜 미디어를 활용한 광고, 위치추적 앱 등 최신 기술을 적극 활용하는 푸드트럭이 많다. 나도 자주 사 먹었는데, 한 가지 문제는 맛있는 푸드트럭은 줄이 너무 길다는 것이다. 푸드트럭 오너들은 대부분 한 명의 사업가로서 당당하고 자신감에 넘쳐 일하며 자신의 일과 음식에 대한 자부심 또한 대단하다.

피치는 아마존 사원들이 많이 이용하는 점심 소셜 커머스다. 대부분 정해진 점심시간에 함께 식사하는 한국과 달리 아마존에서는 혼밥이 매우 자연스럽다. 많은 사원들은 자신의 책상에서 업무를 보며 간단히 식사하거나 심지어 회의 시간에 식사를 하기도 한다. 피치는 이런 혼밥족을 위한 솔루션으로 매일 인근의 한 식당과 제휴하여 정해진 오전 시간 동안(9시 30분부터 11시까지) 선주문을 받은 뒤 점심시간에 맞추어 각 건물들로 대량의 음식을 한꺼번에 배달하는 서비스를 제공한다. 사원들은 점심시간에 건물 안내 데스 아마존 캠퍼스 주변의 다양한 푸드트럭 중에서 내가 가장 좋아하던 곳은 하와이와 한국 퓨전 음식을 파는 마리네이션이다. 이후 마리네이션은 아마존 사옥 안으로 정식 입점했다.

크에서 주문한 음식을 가져가면서 자신의 이름을 주문자 목록에서 지우면 된다. 식당은 홍보도 하고 미리 다수의 선주문을 받게 되어 좋고, 고객은 간단하고 저렴하게 점심을 배달받을 수 있어서 편리하다. 푸드트럭과 달리 줄을 서지 않아도 된다는 것도 큰 장점이다. 아마존의 절약과 도전정신이 이렇듯 또 다른 사업들을 탄생시키는 연결 고리가 되었다.

조명 꺼진 유료 자판기

아마존의 지독한 절약정신과 효율 추구가 반영된 몇몇 사례를 더 살펴보자. 우선 대부분 IT 회사에서는 탄산음료를 공짜로 제공하지만, 아마존은 드립커피와 차만을 공짜로 제공한다. 이마저도 일회용 컵의 낭비를 막기 위해 공용으로 사용하는 머그컵을 권장한다. 쓰고 나서 싱크대에 두면 저녁에 청소업체에서 설거지를 하여 다시 아침에 쓸 수 있다. 이 역시 아마존의 '절약', '효율', '자연친화'의 가치가 반영된 결과라 할 수 있다. 원하면 음료수나 간단한 간식을 층마다 설치되어 있는 자판기에서 구입할 수 있는데 이 또한 다른 업체를 통해 제공하는 것이라 가격에 디스카운트는 없다.

기가 차는 것은 아마존의 자판기들은 별다른 조명이 들어오지 않는다는 점이다. 2008년부터 아마존은 본사는 물론이고 물류센터에 설치된 모든 자판기의 전구를 빼버렸는데, 전구 조명은 꼭 필요한 빛이 아니라 광고를 위해 더 눈에 띄게 보이려고 설치된 것이기 때문이다(최근에는 조명이 들어오는데, 전기 값이 현저히 싼 LED 전구 덕이라고 개인적으로 생각하고 있다). 이로 인한 절약비용은 회사 규모에 비하면 아무것도 아닐지 모르지만 아마존이 어떤 사고와 철학으로 운영되는지를 단적으로 보여주는 예다. 음료수가 유료이기도 하고 건강을 생각하는 정신 때문에 아마존에서는 다른 회사에 비해 탄산음료를 마시는 개발자의 수가 굉장히 적다. 나 또한 입사 초반에는 오후 출출한 시간에 자판기에서 음료나 스낵을 뽑아 먹은 기억이 있지만 회사를 다니면서 점차 그런 음식들은 자연히 멀리하게 되었다. 오히려 회사 식당에서 유기농 식사를 하고 오후 간식으로는 그릭 요거트를 먹는 등 좋은 쪽으로 식습관이 변했다.

아마존에서 직접 운영하는 자판기는 따로 있는데, 이 자판기에서는 전기 코드나 인터넷 케이블 같은 작은 업무 관련 용품들을 뽑을 수 있다. 무료지만 사원 카드가 있어야 뽑을 수 있어서 어느 사원이 어떤 용품을 가져갔는지 사내 시스템에 남게 된다. 데스크사이드deskside라고 부르는 업무 환경 지원팀의 불필요한 업무를 줄이고 사원들로 하여금 회사 물건을 낭비하거나 함부로 쓰지 못하게 하는 두 마리 토끼를 잡은 셈이다. 노트북 같은 경우에는 3년 내에는 교환이 불가하며 업무상 꼭 필요한 경우에만 복잡한 절차를 거쳐 교환할 수 있다. 그마저도 굉장히 저렴하고 대중적인 브랜드 제품만을 받을 수 있으며, 굳이 애플의 맥북을 받으려면 맥북이 업무에 꼭 필요하다는 검증 절차를 밟아야 한다.

아마존이 시애틀 다운타운으로 위치를 옮기고 나서 하나 불만이었던 것은 주차가 무료가 아니라는 점이다. 당시에는 120달러까지만 매월 지원해주었는데 회사 건물의 월 주차비가 200달러 정도여서 매월 주차비로 80달러를 내야 했다. 이마저도 공간이 충분하지 않아서 주차를 신청하면 몇 달이 걸려야 자리가 나곤 했다. 게다가 회사가 사원들에게 주는 펄크perk라고 부르는 각종 혜택도 굉장히 짠 편이다. 아마존 사원들은 아마존에서 구매 시 10퍼센트 할인을 받지만 연간 한도가 100달러까지로 굉장히 낮다. 아마존 프라임 Amazon Prime이라고 부르는 유료 멤버십도 사원들에게 무상으로 제공되지 않으며, 자신이 참여한 프로젝트의 상품도 제 돈을 주고 사야 한다. 킨들팀에서 근무할 때에도 팀원들에게는 킨들을 하나씩 줄 법도 한데 수백 명의 사원들 중에서 이벤트 추첨을 통해 두어 명에게 선물로 준 것이 전부였다(참고로 업무에 필요한 기기는 임시로 받아서 사

나의 첫 번째 킨들. 처음 킨들이 나왔을 때는 상당히 고가여서 많이 망설였다. 사실 사원들에게 하나씩 주지 않을까 하는 기대도 잠시 했지만 아마존은 그런 곳에 돈을 쓰지 않았다. 결국 정가를 모두 지불하고 구매한 것이어서인지 어쩌면 더 소중하게 사용했는지 모른다.

용하고 나중에 반납해야 한다).

혜택이 워낙 없어서 사원들의 원성이 있기도 하지만 회장이 하는 이야기는 언제나 동일하다. 거품과 낭비를 줄이고 그 모든 자원을 고객을 위해 지속적으로 사용하면 자연스럽게 회사는 성장할 것이고 그 열매는 주주인 사원들에게 돌아간다는 것이다. 실제로 지난 20년 동안 아마존이라는 회사는 눈부시게 성장했고 주가도 수십 배 올랐으니 회장의 철학이 변했을 리 없다. 게다가 이러한 절약정신을 통해 단순히 비용을 절감하는 것이 아니라 대외적으로 고객을 위한 일이 아니면 불필요한 돈을 쓰지 않는 기업이라는 이미지가 생겨 돈 한 푼 들이지 않고 엄청난 마케팅 효과를 누리고 있다.

팝콘을 잘못 튀기면 일어나는 일

실패와 혁신은 분리할 수 없는 쌍둥이다

지금의 아마존 캠퍼스가 자리한 시애틀 다운타운 바로 위에는 레이크 유니언Lake Union이라는 아름다운 호수가 있다. 이곳은 영화 〈시애틀의 잠 못 이루는 밤〉에서 톰 행크스가 살던 보트 하우스가 실제로 떠 있는 곳이기도 하다. 호수 위에는 관광객을 가득 태운 오리 모양의 수륙양용차를 종종 볼 수 있는데, 한 시간 반 정도 다

베조스 혁신 센터에는 도전과 혁신의 영감을 주는 전시물들로 가득하다.

운타운과 호수를 구경할 수 있는 '라이드 더 덕Ride the Duck'이라는 시애틀 명물 관광상품 중 하나다.

팩메드를 떠난 이후에 대전정과는 멀어졌지만 다행히 새로 근무하게 된 건물이 호수의 남쪽 공원과 가까워 자주 산책을 할 수 있었다. 공원 안에는 MOHAIMuseum of History and Industry라는 작고 오래된 박물관이 있는데, 사실상 망해가던 이곳이 베조스 회장이 2011년 1000만 달러를 기부하면서 '베조스 혁신 센터Bezos Center for Innovation'라는 이름으로 최근 새 단장을 했다.

얼마 전에 이 박물관에 아이들을 데리고 방문했다가 흥미로운 전시관을 관람했다. 1889년 시애틀 대화재에 관한 것이었는데 영상, 관련 기사, 실제 화재에서 찾은 물건 등을 통해 그때의 참담한 상황을 짐작할 수 있었다. 끓던 용기에서 튄 아교가 불씨가 되어 당시에 목재건물들로 이루어진 시애틀 시가지 대부분을 태운 어마어마한 화재였다. 그때는 제대로 된 소방 시스템도 존재하지 않아 사람들이 태평양에서 물을 끌어 쓰려 했으나 썰물 때라 역부족이었다는 안타깝고도 웃지 못할 뒷이야기가 있다.

대화재 전시관이 혁신을 주제로 한 박물관의 성격과는 다소 어울리지 않은 것 같다는 나의 짧은 생각은 "실패와 혁신은 분리할 수 없는 쌍둥이다Failure and innovation are inseparable twins"라고 쓰인 베조스 회장의 명언을 보고 금세 수그러들었다. 그야말로 시애틀은 잿더미 위에서 다시 시작된 도시였다. 시간이 지나 전문가들은 아이러니하게도 이 화재가 오늘날 시애틀의 눈부신 발전에 크나큰 역할을 했다고 입을 모은다. 우선 다행스럽게도 화재는 인명 피해 대신 쥐 같은 유해동물들을 한차례 깔끔하게 소탕하고 문제투성이던 엉터리 배관시설들을 모두 부수는 구실을 했다.

사람들은 도시를 떠나는 대신 화재를 통해 얻은 뼈아픈 교훈을 반면교사로 삼고 함께 힘을 모아 빠르게 도시를 재건했다. 시정부가 앞장서서 소방국을 세우고 건물 재료부터 방화벽에 이르기까지 까다로운 소방규정을 만들었다. 또한 하수도 시스템을 혁신적으로 개선하기 위해 건물을 한 층 올려서 지으라고 지시를 내렸다. 원래의 지상층에는 파이프를 설치하고 입구를 2층에 만들도록 한 것이다. 몇몇 땅 주인들이 비용 문제로 고집을 부리자 시정부에서는 아예 길 자체를 한 층 높이 만들어버렸다고 한다(지금도 시애틀의 파이어니어 스퀘어Pioneer Square에 가면 화재 이후 재건 과정에서 남은 지하도시를 구경할 수 있다). 도시가 다시 세워지면서 많은 사람들이 시애틀로 몰려들었고 머지않아 워싱턴주에서 가장 큰 도시로 성장했다.

화재 후 강화된 규정 덕분에 100년이 훌쩍 지난 지금도 시애틀은 미국에서 손꼽히게 재난이 적은 도시다. 아마존에서는 몇 달에

시애틀 밑에는 또 다른 도시가 있다. 1889년 대화재의 잔해를 그대로 보존하여 당시의 뼈아픈 교훈을 기억하는 동시에 관광자원으로 활용한다.

한 번씩 불시에 소방 훈련을 한다. 경보가 울리면 사원들은 일사불란하게 비상계단을 통해 밖으로 나와 지정된 장소로 모였다가 몇 분 후에 다시 들어간다. 이 시간 동안 아마존의 모든 업무가 일시적으로 마비되지만 불평하는 사람은 아무도 없다. 한번은 소방 훈련을 한 뒤 며칠이 지나지 않아 또다시 경보가 울린 적이 있다. 익숙하게 건물을 빠져나와 기다리는 동안 곧 소방차 몇 대가 도착한 걸 보니 이번에는 훈련이 아닌 진짜 화재가 발생한 모양이었다. 하지만 특별히 연기가 나는 곳은 보이지 않았다. 얼마 후에 건물로 들어갔던 소방관이 다시 나와 누군가가 전자레인지에 팝콘을 너무 오래 튀기는 바람에 화재 경보가 발생했다고 웃으며 설명해주었다. 다행히 작은 해프닝이었지만 실제로 큰 화재가 발생했더라도 인명 피해는 거의 없었을 것이다.

1971년 성탄절 아침, 서울 한복판에서 한국 역사상 최악의 대형 화재가 발생했다. 당시 초고층 수준인 22층 높이의 대연각 호텔 1층에서 프로판가스가 폭발한 것이다. 이 대규모 건물에는 안타깝게도 화재에 대비할 그 어떤 것도 없었다. 화재경보도, 스프링클러도, 제대로 된 비상구와 탈출용 밧줄도 없었으며 옥상 출입문마저 굳게 닫혀 있었다. 결국 10시간이나 지속된 뜨거운 불길 속에서 160여 명이 사망했고, 이는 세계 최대의 호텔 화재 사고로 기록되었다. 하지만 그 후로도 대한민국에서는 지하철, 냉동창고, 상가, 병원 등 장소를 가릴 것 없이 끔찍한 대형 화재 사고가 끊임없이 일어나 수많은 목숨들을 앗아갔고, 국보와 보물 또한 무자비하게 태워버렸다.

예기치 않은 실패나 사고는 일어나기 마련이다. 중요한 것은 이후 혁신 과정을 통해 똑같은 잘못을 반복하지 않는 것이다. 아마존도 그 정신을 이어나가기 위해 베조스 회장이 대화재 전시관을 혁신 박물관에 설치한 것이리라. 원칙이 무시되고 안전에 불감해질 때 일어나는 참사를 우리는 너무도 많이 반복적으로 목격했다. 그럴 때마다 다 함께 변화를 만들기보다는 서로 잘잘못을 따지는 것에 에너지를 쏟는 안타까운 모습들을 본다. 실패가 혁신으로 이어지기 위해서는 새로운 원칙들이 바로 세워지고 지켜져야 한다. 그렇지 않으면 쌓아온 모든 것이 한순간에 무너지는 재앙을 또다시 마주하게 될지 모른다.

아마존의 직장 내 윤리 교육

화재와 같은 물리적 사건·사고에만 예방과 혁신이 필요한 것은 아니다. 오히려 직장 내 부정청탁이나 성희롱 같은 음지의 문제는 조직을 서서히 병들게 만드는 보이지 않는 암세포와 같다. 뒤늦게나마 한국 사회에 오랫동안 만연했던 더러운 진실들이 햇볕에 드러나고 사회적 변화가 시작된 것은 다행스러운 일이다. 이러한 문제들은 동서양을 가릴 것 없이 인류 역사와 명을 같이하며 아마존 같은 미국의 기업도 근본적으로 자유롭지 못하다. 하지만 적어도 내가 아마존을 다니면서 보고 들은 부정청탁, 성희롱, 인종차별, 성차별은 거의 없었다. 그 이유는 무엇일까?

나는 무엇보다 해당 문제에 대한 조직 구성원들의 성숙한 의식과 콘센서스consensus(합의) 때문이라고 생각한다. 우선 아마존은 1년에 몇 차례씩 의무적으로 관련 교육을 수료하도록 하고 있다. 한군데 모여서 하는 것이 아니라 각자가 원하는 시간에 동영상을 보고 문제를 푸는 방식이다. 한 시간 정도 걸리는 과정을 한 번에 해도 되고 나누어서 조금씩 해도 무방하지만 제때 끝내지 않으면 상사에게 재촉받을 정도로 중요하게 다뤄진다. 원론적인 내용부터 시작해서 실제적인 시나리오들을 보여주고 구체적인 행동 지침을 알려주기 때문에 무엇이 잘못된 행동인지 문제의식을 심어주는 효과가 있다. 물론 알고도 대놓고 잘못된 행동을 할 수 있겠지만 낮에는 도둑이 잘 다니지 않듯이 조직 내 함께 일하는 사람들이 서로의 감시자가 되어준다.

개인적으로 크게 해당이 안 된다고 생각하는 내용에 대해 반복적으로 문제를 풀고 수료하는 과정이 귀찮기도 했지만 미국에서 한국 휴대폰을 테스팅하는 회사를 다니던 친구의 이야기를 듣고는 생각을 달리했다. 워낙 올곧은 친구인데 하루에도 수십 번 날아오는 저급한 단체 카톡과 이메일에 스트레스를 받고 있었다. 성적이거나 인종차별적인 농담도 문제 삼기는커녕 모두 낄낄대는 분위기라고 했다. 아마존 같으면 이런 경우 윗사람과 인사과에 이야기하여 문제를 시정하도록 하는 것이 방침인데, 이 친구의 경우 회사 상사나 인사과 직원도 문제의식이 없는 듯했고 정해진 절차도 없거나 지켜지지 않고 있었다.

반면 아마존에서는 잘못 사용한 단어 하나 때문에 입사가 취소될 수도 있다. 내가 근무하는 부서에 공학으로 유명한 카네기멜론 대학 출신의 유쾌한 한인 인턴이 들어온 적이 있는데, 3개월의 인턴 기간을 마치고 까다로운 심사를 거쳐 최종 합격이 되었다. 그런데 나중에 그 후배가 아마존에 들어오지 못할 뻔했다는 이야기를 들려주었다. 회사 사람들과 친해진 후 메일을 주고받다가 동성애자를 뜻하는 호모homo라는 단어를 농담조로 쓴 것이 이유였다. 이는 합격을 취소할 만큼 큰 사안으로 다뤄졌고, 결국 고용 담당자가 그 친구의 이전 회사 상사와 관련 내용으로 통화를 나누고 나서야 겨우 입사할 수 있었다고 한다.

사커맘과 워커홀릭

유연한 출퇴근 시간

"아이 축구 연습이 있어서 4시에 퇴근함." 오전 10시경 팀에 짧은 통보성 이메일이 하나 도착했다. 보낸 사람은 흔히 사커맘soccer mom 또는 타이거맘tiger mom이라 부르는 교육열 높은 중국계 미국인 동료였다. 상사를 비롯한 팀원들은 이에 그런가 보다 하고 답장조차 보내지 않는다. 직접 만나야 할 일이 있으면 오후 4시 전에 찾아가는 것이 전부다. 나도 처음에는 '저래도 되나?' 생각했지만 아마존에서는 워낙 흔히 있는 일이라 시간이 갈수록 무디어졌다. 개인적으로 밉상으로 생각하는 경우는 있을지 몰라도 회사에서 눈치를 주는 경우는 본 적이 없다. 이런 식으로 아마존에서는 컨디션이 안 좋아서, 받을 택배가 있어서, 또는 프로야구 경기 때문에 길이 막힐 것 같아서 먼저 퇴근하는 일이 많다.

그런가 하면 매일 새벽같이 출근해서 밤늦게 사내 라커룸에서 샤워까지 하고 가는 부장도 있었다. 흔히 말하는 워커홀릭인 그는 팀에서 가장 먼저 출근하고 가장 늦게 퇴근했다. 많은 사람들이 대단하다고 생각했고 아마존 입장에서는 고마운 인재임이 분명했다. 하지만 그의 밑에서 일하는 사람들이 그의 출퇴근 시간에 영향을 받는 일은 없었다. 미국의 많은 IT 기업들이 그렇지만 특히 아마존에는 정해진 출퇴근 시간이 따로 없다. 상사가 출퇴근 시간을 체크하는 경우도 없고 늦게 오거나 빨리 퇴근한다고 크게 눈치 볼 일도 없다. 다만 회의가 주로 9시에서 5시 사이에 잡히기 때문에 자신의 당일 스케줄에 맞춰 회사에 오면 된다.

아마존에서 출퇴근 시간이 유연한 것은 우선 원거리 업무가 가능하기 때문이다. 특히 아마존에서 가장 큰 비중을 차지하는 소프트웨어 개발자들은 보통 10시가 다 되어서야 출근한다. 이들은 개발 업무의 특성상 사람들과 시간을 많이 보내기보다는 혼자서 컴퓨터와 씨름해야 하는 시간이 많다. 따라서 필요에 따라 집이나 자신이 일의 효율성을 가장 높일 수 있는 공간에서 일하는 것은 크게 문제가 되지 않는다. 나도 종종 회사 내 공간이나 카페에서 프로그래밍을 하곤 했다. 특별히 집중해야 할 때는 캘린더에 개인 작업 시간으로 표기하여 방해를 줄인 뒤 이메일의 알람 기능도 꺼두고 한 시간 간격으로 체크했다. 틈틈이 장소를 바꿔 일하는 것을 장려라도 하듯 아마존 건물 곳곳에는 앉아서 일할 수 있는 공간이 많이 있다.

물론 여럿이 함께 하는 프로젝트의 경우에는 따로 일하다 보면 커뮤니케이션에 지장이 생길 수 있다. 아마존은 단순히 커뮤니케이션을 많이 하기보다는 명료하고 효율적인 커뮤니케이션을 지향한다. 개발팀은 스크럼 프로세스scrum process(IT 기업에서 많이 사용하는 짧은 주기의 프로젝트 관리법)에 따라 하루 딱 10분 팀 전체가 스탠딩 미팅standing meeting을 갖는데, 각 개발자는 이 미팅에서 자신이 어제 한 일과 오늘 할 일을 짧게 이야기한다. 어제의 일을 아직 못 끝냈을 경우 이유를 설명하고 필요에 따라 미팅 직후에 도움을 줄 수 있는 팀원과 별도의 시간을 갖는다. 이런 식으로 짧은 전체 미팅을 통해 그날 해야 할 일을 명확히 하기 때문에 중간중간에 불필요한 커뮤니케이션이 줄어든다. 매니저들도 일일이 팀원과 이야기하면서 업무를 확인하기보다는 개발자들이 방해받지 않고 코딩할 수 있는 시간을 확보해주기 위해 노력한다.

시간이 아닌 능력으로 평가받는 곳

아마존에서 출퇴근 시간이 유연한 또 다른 이유는 회사 내의 평가가 오롯이 업무 수행 능력에 있기 때문이다. 매일 자신이 해야 할 업무가 분명하고 모두에게 공유되기 때문에 출퇴근 시간이나 사무실 같은 시간과 공간보다는 실제 업무 진행 상황으로 생산성을 평가받는 것이다. 일도 제대로 하지 않으면서 출퇴근 시간까지 지키지 않는다면 사내에서 간접적 불이익을 당하기보다는 가차 없이 해고된다.

아마존에서 회사나 상사가 강요하는 야근을 한 경험은 없다. 그 대신 출퇴근 시간과 상관없이 본인이 그날 맡은 일을 끝내기 위해 또래 압력peer pressure과 스크럼 프로세스의 압박 속에서 생산성을 채찍질 받는다. 이렇다 보니 퇴근 후나 주말에도 집에서 자발적으로 일하는 사원이 꽤 많다. 특히 대학을 갓 졸업하고 아직 결혼하지 않은 열정 넘치는 젊은 사원들이 주로 그렇게 하는데, 학교와 달리 회사에는 방학이 없다 보니 그런 페이스로 일하다가는 1~2년 안에 지치기 마련이다. 이런 사원들은 빠른 승진으로 수고에 대한 보상을 받지 못하면 많은 경우 팀이나 회사를 스스로 떠난다.

아마존의 성장을 이끌어온 이런 빡빡한 능력 중심의 기업문화가 한차례 도마 위에 오른 적이 있다. 내가 아마존 퇴사를 준비하던 2015년 8월 〈뉴욕타임스The New York Times〉에 실린 아마존의 '가혹한'

업무 환경에 대한 기사가 전 세계로 큰 화제가 된 것이다. 쌍둥이를 유산하고도 다음 날 출장을 떠나야 했거나 주 85시간씩 일한 직원들이 소개되며 아마존 직원들이 지나치게 잔인한 경쟁에 부추겨지고 있다는 것이 골자였다. 이에 회장이 "아마존이 진짜 그런 회사라면 나라도 나가겠다"라는 반박 글을 쓰며 몇 달간 공방이 지속되었다.

극단적인 사례들로 다소 자극적으로 쓰였다고 느끼긴 했지만 기본적으로 아마존이 능력으로 살아남아야 하는 적자생존의 정글이라는 점에는 동의한다. 실제로 아마존의 평균 근속 연수는 1년이 조금 넘는 수준으로, 이는 미국 내 여타 IT 기업들과 비교해도 가장 짧은 편이다. 부서 간 이동이 자유로운 편이라 큰 고통을 받으면서까지 같은 곳에서 일할 필요는 없지만 기본적으로 어딜 가나 일을 열심히, 또 잘해야 하는 분위기가 상주한다. 이는 아마존이 직원들을 직접적으로 쥐어짜기 때문이라기보다는 능력 중심의 평가, 투명하게 보이는 업무 상황, 상향 평준화된 업무량, 그리고 손쉬운 해고가 간접적으로 사원들을 서로 경쟁시키기 때문이다.

Work Hard, Have Fun, Make History

회사 곳곳에서 자주 볼 수 있는 아마존의 사내 슬로건은 'Work

Hard, Have Fun, Make History'이다. 베조스 회장은 이미 1997년 그가 처음 보낸 주주 서한에 아마존은 일하기 쉬운 곳이 아님을 스스로 밝힌 바 있다. "사람은 오래, 열심히, 영리하게 일할 수 있는데 아마존에서는 이 세 가지가 모두 필요하다"고 말할 정도로 그의 채용 기준은 지독히 높은 것으로 유명하다. 이는 그가 열심히 일하는 똑똑한 인재들이야말로 아마존 성공의 일등 요건이라고 믿기 때문이다. 이런 인재들이 함께 세상에 필요하고 후손들에게 자랑스러운 창조물들을 최선을 다해서 만들어내고 또 그것을 뿌듯해하는 회사. 그런 그의 바람이 슬로건에 녹아 있다.

하지만 회사 덩치가 커질수록 일에 대한 사원 한 명 한 명의 개인적 성취감은 반비례하게 감소한다는 점을 간과했던 것 같다. 산업혁명 이후 부분적인 일을 `하며 느끼는 노동자들의 보람이 씨를 뿌리고 추수할 때까지 하나의 일을 총괄하는 농경사회의 그것에 비해 크게 줄어든 것은 어찌 보면 당연하다. 〈뉴욕타임스〉 기사는 회장과 사원이 느끼는 이런 온도 차이의 단면을 잘 보여준 사건이었다. 나 역시 아마존을 다니면서 슬로건 중간의 'Have Fun'만큼은 크게 공

복도나 식당 곳곳에서 '열심히 일하라'는 아마존의 슬로건을 어렵지 않게 찾을 수 있다.

감하지 못했다. 아마존에서의 일은 언제나 어렵고 힘들었다. 단순히 '즐기면서 일하라'고 회사가 강요할 수는 없는 노릇 아닌가.

다행히 아마존은 〈뉴욕타임스〉 사건을 거쳐 '성취감'이나 '자부심' 같은 추상적인 보상뿐 아니라 '복지', '연봉' 등과 같은 좀 더 실질적인 방법으로 사원들을 대우하는 방향으로 변모하고 있다. 사실 개인적으로 아마존에 가장 원망스러웠던 점은 재직 중에 세 아이가 생겼는데 단 하루도 유급 육아휴직을 받지 못했던 것이다. 기사가 터지기 전까지 아빠에게는 유급 육아휴직이 전혀 주어지지 않았고 엄마에게도 여타 회사에 비해 턱없이 짧은 수준의 휴직만이 주어졌기 때문이다. 보도 이후 두 달이 채 되지 않아 아마존은 아빠는 6주, 그리고 엄마는 20주까지 연장된 대대적인 새 육아휴직 제도를 발표했다.

결론적으로 말하자면 아마존은 최고의 인재들을 뽑고 경쟁시키며, 또 그들의 능력과 노력만큼의 실질적 보상을 해주는 곳이다. 아마존의 모든 사원은 다소 냉혹한 이 정글에서의 생존을 위한 최소한의 자질과 노력을 갖추어야 한다. 그리고 이들 중에서도 더 눈에 띄는 이에게는 그에 걸맞은 보상이 돌아간다. 그렇기에 사커맘도 워커홀릭도 서로의 라이프스타일을 존중하며 스스로 만족스러운 만큼의 기여를 할 수 있다. 사커맘의 경우 '워라밸work-life balance', 즉 일과 가정의 균형을 중시해서 5년 동안 승진이 되지 않았지만 크게 개의치 않는다. 반면 워커홀릭은 노력과 능력을 인정받아 젊은 나이에 고속 승진을 거듭하고 그에 걸맞은 연봉과 보너스를 받는다. 다소 극단적인 두 부류가 아마존에서 공존하며 함께 역사를 만들어가고 있다.

바보 같은 질문 하나
해도 될까요?

누구나 자유롭게 질문할 수 있어야 한다

아마존의 성장이 증명하듯 4차산업 시대에 기업을 발전시키는 힘은 강요되는 출퇴근 시간이나 상사의 압력이 아니라 직원들 스스로 능력을 발휘하도록 돕는 수평적 기업문화와 효율적인 프로세스다. 최근 한국 사회에서도 '주 52시간 근무'가 시작되는 등 이런 부분을 시정하기 위한 노력들이 많다. 하지만 기업이 성장하기 위해서는 법적으로 부당한 근로환경을 규제하는 것을 넘어 근원적으로 한국의 수직적인 기존 기업문화가 더욱 수평적으로 변해야 한다고 생각하는 이들이 늘고 있다.

다행스러운 것은 한국의 기업문화에도 이런 변화가 시작되었다는 점이다. 쿠팡 같은 비교적 새로운 기업뿐 아니라 삼성전자 같은 전통적 기업도 변하기 시작했다. 기업 내 수직문화가 기업 발전에 도움이 되지 않는다는 것이 학술적으로, 또 경험적으로 재차 확인되면서 기업 내 수평문화의 필요성이 어느 때보다 강조되고 있다. 이제 직급 대신 ○○님 또는 아이디 같은 수평적 호칭을 쓰는 회사가 있는가 하면, 아마존이 사용하는 스크럼 프로세스를 도입한 회사도 생기고 있다. 수평적 기업문화는 아마존을 비롯한 미국의 수많은 IT 기업들이 보여주듯 기업의 성장과 발전에 마중물 역할을 할 것이다. 하지만 아직 갈 길이 너무나 멀다. 표면적으로는 수평적 호칭을 쓰고 스크럼 프로세스를 활용하지만, 깊고 본질적인 변화는 아직 시작 단계다. 앞으로 나아가는 것은 아직까지 수직적 관계를 유지하고 싶어 하는 윗사람과 책임과 부끄러움을 두려워하는 아랫사람 모두의 몫이다.

찰스 두히그Charles Duhigg가 《1등의 습관Smarter Faster Better》에서 이야기한 대로 구글의 데이터사이언스팀이 밝혀낸 생산성 높은 팀의 비밀은 다름 아닌 마음 놓고 내 의견을 말할 수 있다는 점이었다. 나이가 어린 신입사원도 마음껏 자기 의견을 낼 수 있는 조직은 그렇지 못한 조직에 비해 더욱 빠르게 움직이며 창조적인 솔루션을 가져온다는 것이 밝혀진 것이다.

아마존을 거쳐 현재 쿠팡에서 요직을 맡고 있는 가까운 지인에게 수평문화와 관련하여 아마존과 쿠팡의 차이를 물은 적이 있다. 그는 쿠팡 사원들이 '질문을 하지 않는 것'이 가장 큰 차이라고 답했다. 회의에서는 다 이해한 것처럼 아무런 질문을 하지 않다가 나중에 엉뚱한 결과물을 만들어 와서 당황한 적이 많다는 것이다. 이는 회사 입장에서는 굉장한 손실이 아닐 수 없다. 이 말을 듣고 오바마 대통령의 방한 당시 연설 후 수차례 질문을 요청했는데 그 많은 한국 기자들 중 한 사람도 질문을 하지 않았던 낯부끄러운 사건이 떠올랐다. 무엇이 이토록 한국인들을 질문하지 못하게 만든 걸까?

바보 같은 질문은 없다

여러 가지 이유가 있겠지만 '가만히 있으면 중간은 간다'와 '모난 돌이 정 맞는다' 등의 속담처럼 튀는 행동에 대해 관대하지 않은 한국 사회 분위기가 한몫을 하고 있다. 할 말이 있어도 참는 것이 때론 미덕으로 여겨져, 내 어린 시절을 돌아보더라도 어른에게 말대답하지 않아야 한다고 배웠고, 수업 중에 손을 들어 선생님 의견에 토를 다는 것은 상상할 수 없었다. 더군다나 많은 이들 앞에서 질문한다는 것은 자칫 내 부족함을 만천하에 드러내는 위험한 일이니 그냥 모르더라도 아는 척, 알면서도 모르는 척 있는 게 좋은 처세술이라 믿기도 한다.

미국에는 한국과는 정반대로 '바보 같은 질문은 없다No such thing as a stupid question'라는 오랜 속담이 있다. 미국 아이들은 어릴 적부터 이 말을 수도 없이 듣는다. 내 아이의 초등학교 1학년 선생님은 콩 모양의 젤리가 들어 있는 유리병을 들고 수업을 진행하곤 한다. 손을 들어 질문하거나 답하는 아이들에게는 질문의 요지나 정답의 유무와 상관없이 젤리를 하나씩 주기 위함이다. 사람들 앞에서 두려움을 이기고 발언하는 것을 격려하는 것이다. 이런 분위기 속에서 아이들은 마음껏 질문하며 자란다.

실제로 아마존에서 많이 듣는 말 중 하나는 "바보 같은 질문 하나 해도 될까요?May I ask you a stupid question?"라는 말이다. 회의는 대부분 질문과 답으로 진행된다. 회의를 주최한 사람은 회의할 내용을 미리 글로 써오고 회의에 참석한 사람들은 그 글을 읽고 수많은 질문을 한다. 아예 준비하는 입장에서 예상 질문에 대한 답을 적어 오는 경우도 많다. 회의에 참가한 누구나 잘 이해가 가지 않는 부분이나 궁금한 점이 있으면 가감 없이 묻는다. 크게 중요하지 않거나 이미 설명한 내용에 대한 질문을 하더라도 질문자를 민망하게 만드는 일은 절대 없다. 회의 참석자들이 함께 토론하고 해당 안건에 대한 명확한 이해를 가지는 것을 중요하게 생각하기 때문이다. 이를 위해 누구나 자유롭게 질문할 수 있는 분위기가 조성되어 있다.

누군가가 "바보 같은 질문 하나 해도 될까요?"라고 시작한 질문을 하고 나면 많은 경우 "그건 사실 굉장히 좋은 질문이네요That's actually a very good question"라는 말과 함께 대답을 시작한다. 아마존은 잘 모르는 것을 아는 척하는 것이야말로 바보 같고 잘못된 일이라고 생각한다. 오히려 몰라서 질문한 사람은 많은 경우 고마움의 대상으로 여겨진다. 왜냐하면 그 사람의 용기 덕분에 모르면서도 가만히 있던 사람들도 혜택을 받았기 때문이다. 이런 질문들을 통해 구성원 모두의 이해가 높아지고 서로 간의 오해는 줄어든다. 단순히 서로를 아이디로 부르는 것이 아니라 구성원 누구나 자기 목소리를 두려움 없이 낼 수 있는 문화가 수평문화가 아닐까?

모두의 의견을 수렴하는 재미있는 회의

회의와 관련하여 아마존에서 경험한 재밌는 에피소드가 있어 소개할까 한다. 사실 의견을 수렴하는 회의 자리에서는 아무래도 특정 소수가 그 회의 방향을 주도하기 마련이다. 나도 이런 회의 분위기에서는 상사나 다수의 의견과 대립되는 목소리를 내는 것이 다소 부담스러워 웬만큼 좋은 생각이 아니면 꾹 참는 경우가 많았다.

그러다 한번은 아마존에서 잔뼈가 굵은 인도계 여성 프로젝트 매니저가 진행하는 브레인스토밍 회의에 참석하게 되었다. 아마존의 소셜 커머스 애플리케이션 개발에 앞서 다양한 사원들의 아이디어를 모으기 위한 회의였다. 회의가 시작되자 그녀는 짧은 개요와 함께 몇 다발의 포스트잇과 펜, 그리고 직접 구워 온 초콜릿 브라우니 한 접시를 테이블 중앙에 두었다. 이내 그곳에 모인 12명 남짓의 사원들은 자유로이 간식을 먹으며 조용히 떠오르는 아이디어들을 포스트잇에 적기 시작했다. 하나의 포스트잇에는 하나의 아이디어가 들어가고 글쓴이의 이름은 적지 않았다.

15분 채 지나지 않아 테이블에는 각종 아이디어가 적힌 종이들이 수북이 쌓였고, 매니저는 이것들을 한쪽 벽에 비슷한 것끼리 분류하여 붙였다. 지위 고하나 목소리 크기에 상관없이 회의에 모인 모든 이의 생각이 가감 없이 취합된 것이다. 회의 후반부에는 이렇게 모인 아이디어들을 함께 리뷰하며 생각을 공유하고, 또 파생되는 아이디어들을 확장했다. 이 과정 중에 아이디어를 낸 사람이 자연스럽게 자신의 아이디어임을 밝히고 추가 설명도 하게 되었다. 목표는 누구나 자유롭게 생각을 나누는 것이기 때문이다. 짧은 회의였지만 기발하고 다양한 아이디어를 모은 매니저는 흡족하게 회의를 마무리 지었다. 돌아보면 브라우니의 강한 단맛 또한 좋은 아이디어를 떠올리는 데 한몫했는지도 모르겠다.

아마존에서 만난
두 명의 천재

가식 없는 천재, 애덤

아마존에서 만난 세계 각국의 수많은 똑똑한 사람들 중에서도 내가 가장 먼저 떠올리는 동료는 중국계 1.5세인 애덤이다. 하버드, 스탠퍼드, 옥스퍼드, 칭화대, MIT, IIT 등 세계 명문 대학 출신의 인재가 즐비한 아마존에서 그의 학력은 그다지 돋보이지 않는다. 중국 10대 대학 중 하나지만 칭화대나 베이징대만큼 알려지지 않은 우한대학을 거쳐 미국 중위권 대학인 유타주립대에서 컴퓨터공학 석사 학위를 취득했다. 그가 능력에 비해 수수한(?) 대학을 나온 이유는 차차 알게 되었다.

깡마른 체격에 평범한 인상을 지닌 애덤을 처음 만난 건 내가 아마존에 입사한 지 2년이 채 되지 않은 때였다. 당시 마이크로소프트에서 아마존으로 이직한 상사가 자신의 이전 동료라며 우리 팀으로 애덤을 추천했는데 상사 추천이라 해도 아마존의 까다로운 면접 절차를 피해갈 수는 없기 때문에 내가 그를 면접하게 되었다. 그 후 아마존에서 100명 가까운 사람들을 면접했지만 이전에도 이후로도 애덤처럼 압도적인 면접자는 만나보질 못했다.

전화로 진행된 1차 면접에서 본격적인 질문들에 앞서 '왜 아마존에 오고 싶은가?'를 물었을 때 듣게 된 그의 대답이 나로서는 꽤나 충격적이었다. 보통의 면접자들이 아마존의 좋은 점과 자신의 장점을 섞어 어필하며 아마존 입사에 대한 열망을 나타내는 반면 그는 너무도 차분하게 '상사가 추천해서 면접을 한번 보기로 결정했다'고 답했기 때문이다. 그러고는 자동화에 관심이 많다고 덧붙였는데, 아무런 가식 없이 말하는 그의 대답과 말투에서 대단한 자신감이 느껴졌다. 이어서 진행한 기술적 문제들에 면접관인 나를 넘어서는 대답과 질문을 했기 때문에 오히려 내가 위축될 정도였다. 준비한 면접 질문을 다 하고도 시간이 남아 조금 일찍 면접을 마쳤고, 나는 상사에게 그의 영입을 적극 추천했다. 아마존에서는 사람을 뽑을 때 성실하거나 팀워크가 좋을 것 같은 사람이 아니라 아마존의 수준을 높일 수 있는 사람을 선택하라는 가이드라인이 있었다.

이후 애덤이 아마존에서 출중한 역량을 펼친 것은 두말할 나위 없다. 나이가 나보다 많긴 했지만 더 늦게 팀에 들어온 동료가 너무 똑똑하니 사실 부담이 되기도 했다. 더군다나 그는 상사와 친구이기도 했다. 한번은 그가 회의가 끝나고 내게 이런 말을 해준 적이 있었다. "너, 너무 웅얼거려서 목소리가 잘 안 들려. 좀 더 크고 확실하게 말해." 아직까지도 영어 울렁증이 있던 차에 그 말을 듣고 나니 부끄럽기도 했고 살짝 짜증도 났다. 하지만 생각해보니 살면서 나의 약점을 그렇게 솔직하고 직설적으로 이야기해준 사람이 있었던가. 더군다나 나보다 늦게 미국에 온 애덤이 진짜 나를 위해 해준 말이라 그다음부터는 의도적으로 더 크게 말했고 결과적으로 내게 많은 도움이 되는 조언이 되었다. 아마도 내가 애덤을 경쟁자가 아니라 배울 점 많은 친구로 생각한 건 그때부터였던 것 같다. 내가 애덤에 대한 경계심을 버리자 같은 동양인이고 또 둘 다 보드게임도 좋아해서 우리는 금세 가까워졌다.

많은 직장인들이 그렇듯 나도 입사 후 3~4년이 지났을 때 잠시 경영대학원인 MBA를 고려한 적이 있다. 이에 관해 애덤과 이야기를 나누다가 그 또한 MBA를 준비한 적이 있다는 것을 알게 되었다. MBA를 들어가기 위해서는 영어와 수학 능력을 테스트하는

GMAT을 치러야 하는데 비원어민에게 GMAT의 지문들은 상당히 수준이 높아서 1년 이상 전문 학원을 다니며 준비하는 것이 일반적이다. 당시 한국에서 가장 잘나가는 GMAT 강사 중 한 명은 1년에도 몇 번씩 문제 유형 파악을 위해 GMAT을 치르는데 두 개 틀린 것이 가장 잘 본 것이라는 이야기를 들은 적이 있다. 그런데 중국에서 대학을 나온 애덤이 딱 두 달을 공부하고 GMAT에서 단 한 문제를 틀렸다는 이야기를 듣고 경악했다.

이어서 선택한 학교와 최종적으로 진학하지 않은 이유를 들려주었다. 그의 점수는 많은 사람들의 꿈인 하버드, 스탠퍼드 합격자의 평균 점수보다 훨씬 높았지만, 그가 선택한 학교는 듀크대의 푸쿠아 경영대학원이었다. 이유는 단순했다. 하이킹을 좋아하는데 듀크대 주위에 등산할 곳이 많다는 것이었다. 몸짱은 티셔츠 한 장만 걸쳐도 폼이 나는 것처럼 진짜 똑똑한 사람에게는 학교 간판이 별 의미가 없는 듯했다. 하지만 결과적으로 그는 MBA에 진학하지 않았다. 합격을 앞두고 아내가 사고를 당하는 바람에 입학을 1년 미뤘다가 친했던 친구 몇 명이 MBA를 나온 후 다소 허영심 있게 변해가는 모습을 보고 가지 않기로 했다고 한다(여담으로 난 그와 조금은 다른 이유로 MBA에 대한 생각을 접었다. 회사를 떠나기 위해 MBA를 생각했는데 계산기를 조금 두드려보고 나서는 졸업 이후 빚이 생기고 연봉은 올라가서 오히려 회사에 더 묶이게 될까 봐 두려웠기 때문이다).

난 어딘가 다른 세상에서 온 듯한 애덤과 이야기하는 것이 좋았다. 가끔은 일과 진로에 대한 고민을 털어놓기도 했고 무슨 일을 하며 살아야 하는가에 대해서도 종종 이야기를 나눴다. 그는 무엇을 하느냐가 아니라 '어떻게 하느냐'가 삶의 만족을 가져온다고 생각했고, 그래서 항상 일의 완성도가 높았다. 그가 아마존 내 다른 팀으로 스카우트가 되어 떠나게 되었을 때 난 그를 더욱 존경하게 되었다. 보통 팀을 옮기는 마지막 주는 느슨해져서 일을 덜 하기 쉬운데 그는 오히려 평소보다 두 배로 일해서 후임자가 누가 오든지 간에 문제없이 일을 시작할 수 있도록 작업과 문서를 매우 깔끔하게 마무리 지었기 때문이다.

잔머리가 없는 내성적 영웅, 로니

애덤을 만난 이후 셀 수 없이 많은 출중한 사람들을 접했지만 그중에서도 내게 가장 큰 영향력을 준 또 다른 천재는 8년 정도의 시간이 흘러 퇴사 전 마지막 부서에 들어가서야 만나게 되었다. 유대인의 피가 흐르는 로니는 백인답지 않게 조금은 내성적이고 동양 문화를 좋아하는 동료였다. 선한 인상에 갈색 머리를 가진 그는 내가 살면서 만나본 가장 훌륭한 개발자다. 로니 또한 애덤과 마찬가지로 눈에 띄는 학력을 가지고 있지는 않다. 그럼에도 그는 여타 최고의 개발자들보다 한 단계 위인 실력과 함께 겸손과 성실함까 아마존에서 함께 일했던 동료들. 특히 애덤과 로니와는 아마존을 떠난 후로도 종종 만나 인생 이야기를 나눈다. 애덤은 아마존에 남아 고위 관리직으로 승진했고, 로니는 오라클의 수석 개발자로 근무하고 있다.

로니

애덤(왼쪽)

지 겸비했다. 뛰어난 선생님일수록 알기 쉽게 가르쳐주는 것처럼 로니는 모르는 것을 물어보면 막힘없이 풀어주는 알파고 같았다.

재미있게도 내가 로니와 개인적으로 친해질 수 있었던 이유 역시 애덤과 비슷하게 게임이었다. 우리는 게임을 좋아하는 동료들과 돈을 모아 엑스박스xbox 게임기와 모니터를 구입해 계단 옆 창고에 설치하고 잠깐씩 짬을 내어 함께 놀았다. 업무적으로는 로니의 발뒤꿈치도 따라가기 힘들었지만 게임만큼은 한국인의 종족 특성(?)을 살린 깔끔한 조작과 일취월장하는 실력을 보여주니 로니도 나를 무척 신기해했다.

한국 사람들이 게임에 능한 이유가 어릴 적부터 젓가락을 사용하면서 단련된 소근육과 특유의 빠르게 문제를 해결하려는 '잔머리' 때문이 아닐까 생각한 적이 있다. 그런데 생각해보면 로니는 바로 이 잔머리가 없는 사람이다. 개발을 하다가 막히면 나는 종종 전체를 이해하기보다는 이것저것을 시도해보면서 얻어걸리기를 바라기도 하고, 비슷한 상황에서 다른 사람들이 쓴 코드를 찾아보며 빠른 답을 찾으려고 노력하기도 했다. 하지만 로니는 정반대의 접근 방식으로 아무리 오래 걸리더라도 시스템 전체를 이해하고 진행하니 이해도가 다를 수밖에 없었다. 그리고 시간이 지나면서 그 간극은 눈덩이처럼 커진다는 것을 실감했다. 나의 이해력은 스펀지마냥 구멍이 숭숭 뚫려 있는 반면 로니에게는 수십만 줄의 코드로 이루어진 프로그램의 지도가 머릿속에 선명하게 존재하는 것처럼 느껴졌다. 어려운 일이 생길 때마다 큰 역할을 해주었기 때문에 로니는 우리가 속했던 부서 내의 영웅과도 같았다. 어느 날 큰 도움을 여럿 받은 한 매니저가 로니의 얼굴이 그려진 화폐 이미지를 로고로 한 클럽을 만들어 로니의 팬을 자청했다. 로니를 아는 많은 사람들이 그 클럽에 가입했으며 물론 나도 그중 한 명이었다.

아마존에서는 '기술적 채무technical debt'라는 말을 자주 쓴다. 이는 당장의 쉬운 방식으로 대충 일을 처리하면 나중에 시간이 가면서 이자가 붙어 훨씬 큰 대가를 치르게 된다는 은유적 표현이다. 사실 이것은 기술적 영역뿐 아니라 세상 거의 모든 영역에 적용되는 우주의 원리다. 안타깝게도 내가 자란 한국은 비교적 이런 채무가 많이 생기는 방식이 만연하다. 이를 설명하기 위해 삼풍백화점에서 세월호까지 이어진 시대적 참극을 굳이 말할 필요는 없다. 멀리서 찾지 않더라도 우리 대부분은 어떻게든 일단 시험에서 좋은 성적을 받는 것을 목표로 출제 유형이나 기출 문제에 따라 공부했다. 온전히 내용을 이해하지 않고 시험 위주로 하는 이런 식의 공부는 당장에 좋은 성적을 가져와줄지는 모르지만 결과적으로 지식적 채무가 쌓이는 방식이다.

한국 기업들 또한 주먹구구로 빠르게 일을 처리하여 기술적 빚더미에 앉는 경우를 주위에서 많이 보고 듣는다. 반면 아마존의 방식은 애초에 시간을 들여 제대로 일을 하는 것이고, 결과적으로 채무를 최소화하여 시간을 자신의 편으로 만든다. 그리고 이는 로니가 일하는 방식이기도 하다. 나는 아마존과 로니의 방식에 완전히 매료되었고, '시간을 나의 편으로 만들자'라는 원칙은 내 삶의 모토 중 하나가 되었다.

3

—

아마존의 고객 중심주의는 클리셰가 아니다

—

전 세계 6억 가지 상품의 온라인 주소가 되다

하나의 제품, 하나의 페이지

오랜 시간 아마존의 부사장으로 있다가 얼마 전 퇴직한 마이크 조지는 캐릭터가 남다른 사람이다. 프로레슬러 출신의 유명 배우 '더 락The Rock, Dwayne Johnson'을 연상시키는 대머리와 근육질 몸을 지닌 그는 넘치는 에너지로 아마존 내 다양한 부서의 책임을 맡았다. 2012년 그가 담당했던 아마존 로컬Amazon Local(아마존 소셜 커머스) 부서로 팀을 옮기게 되면서 단 둘이 긴 이야기를 나눌 기회가 있었다. 이런저런 이야기 중에 그는 아마존이 전자상거래의 패권을 잡을 수 있었던 결정적 요인을 하나 말해주었다. 마이크는 그것을 제품권위item authority라고 불렀다. 그가 화이트보드로 되어 있는 자신의 사무실 한 벽을 가득 채우며 들려준 것은 아마존이 전 세계 제품의 온라인 주소가 될 수 있었던 뒷이야기였다.

제품권위를 간단히 이해하려면 이베이와 아마존의 메인 페이지로 가서 하나의 제품을 검색해보면 된다. 예를 들어 특정 상품을 이베이에서 검색하면 동일한 제품이라도 수많은 결과물이 나오는 반면, 아마존에서는 하나의 제품당 하나의 페이지만 존재하는 것을 확인할 수 있다. 이베이에서는 같은 제품이라도 100명의 다른 판매자가 판매하면 100개의 페이지가 존재하지만, 아마존에서는 판매자가 수백 명이더라도 각 제품은 아마존상에서 단 하나의 제품번호Amazon Standard Identification Number: ASIN와 고유의 페이지를 갖게 된다. 아마존에서는 판매자가 아니라 제품이 페이지에 대한 권위를 가지는 것이다.

마이크의 말에 따르면 아마존도 초기에는 이베이처럼 한 제품의 페이지가 판매자의 수만큼 존재했다. 판매자들은 각자 자신의 입맛에 맞게 자신의 상품을 소개할 수 있었고 제품 이미지도 마음대로 골라서 보여줄 수 있었다. 결과적으로 인기 상품일수록 형형색색의 이미지와 광고 문구로 도배된 많은 페이지들이 지속적으로

하나의 제품이 하나의 페이지만을 갖는 아마존과 동일한 제품의 페이지가 판매자 수만큼 존재하는 이베이. 이 작은 차이가 아마존을 전 세계 제품들의 주소로 만들었다.

만들어졌다. 아마존은 고민했다. 과연 이것이 고객을 위한 방식일까? 답은 간단했다. 고객들은 각 제품당 단 하나의 페이지만을 보기를 원했다. 이에 따라 아마존은 사이트 전체의 구조를 바꾸는 무모하리만큼 대대적인 프로젝트를 진행했다.

하나의 제품이 하나의 페이지를 갖게 되면서 만들어낸 결과는 상상 이상이었다. 더 이상 고객들은 한 제품을 사기 위해 수많은 페이지들을 돌아다닐 필요가 없어졌다. 모든 판매자들의 가격과 신뢰도는 해당 제품 페이지의 한쪽에 정리되었고, 각 제품은 판매자 수와 상관없이 고유한 제품의 이미지와 설명을 공유하게 되었다. 판매자에 따라 제품 설명이 변하는 일도, 현란한 광고성 이미지도 사라진 것이다. 또한 TV를 검색하면 각 TV 모델이 한 번씩만 검색 결과에 보이기 때문에 고객들은 베스트셀러 제품이 무엇인지, 가격이 가장 싼 제품은 무엇인지 손쉽게 알 수 있었다. 이와 더불어 소비자 리뷰가 추가되면서 점차 아마존의 제품 페이지들은 누구나 제품에 대한 정보를 얻기 위해 들어오는 각 제품의 가장 객관적인 주소가 되었다.

거꾸로 소비자로부터 시작하라

이전부터 존재해온 것들에 대해 때로 우리는 그것의 태동이 얼마나 혁신적이었는지 알지 못한다. 나에게는 자동차나 전기가 그렇고, 10대들에게는 인터넷이나 핸드폰이 그럴 것이다. 그 혁신을 경험한 세대들도 시간이 지남에 따라 익숙해지면서 언제나 우리 곁에 자연스럽게 있었던 것처럼 당연히 받아들이게 된다.

소비자 리뷰도 이런 혁신 중 하나다. 오늘날 품평이 없는 인터넷 쇼핑은 상상하기 힘들다. 하지만 아마존이 세상 누구보다도 먼저 리뷰 기능을 도입하려고 고민할 때 당시의 대다수 전문가들은 말 그대로 미친 짓이라고 했다. 오프라인의 어느 매장도 자신이 판매하는 제품에 대한 소비자들의 평가를 보여주고 싶어 하지 않기 때문이다. 동네 편의점을 생각해보자. 편의점 내의 모든 제품은 판매자로부터 큐레이트되어 가장 멋진 모습으로만 진열된다. 그리고 이것이 회사가 이윤을 위해 당연히 선택해야 할 방법이며, 그저 그런 제품을 잘 포장하는 것은 훌륭한 마케팅이라고 생각하기도 한다.

하지만 아마존은 달랐다. 아마존에서 가장 많이 하는 이야기 중 하나는 '거꾸로 소비자로부터 시작하라Start with the customers and work backward'는 말이다. 손익이나 기술적 한계를 고려하기에 앞서 소비자가 무엇을 좋아할지, 어떤 결정이 더 소비자에게 도움을 줄지를 먼저 생각하고 그에 따라 회사가 할 일을 정하는 것이다. 과연 이 기능은 소비자에게 필요한가? 소비자에게 도움을 주는가? 소비자 리뷰에 대해 같은 질문을 던졌을 때 역시 답은 간단했다. 제품에 대한 이전 구매자들의 평가는 소비자에게 큰 도움을 준다. 부풀려진 광고보다 자신과 같은 소비자들의 평가는 한층 신뢰할 수 있기 때문이다.

결국 아마존은 좋지 않은 리뷰들로 인해 매출이 떨어질 것을 감안하고 품평 기능을 도입했다. 당장의 이익보다는 고객 중심 철학에 따른, 남들이 따라 하기 힘든 결정이었다. 이런 결정에 힘입어 이제 소비자 리뷰는 우리가 매일 너무나 당연하게 사용하는 기능이 되었다.

처참했던 킨들 리뷰를 대하는 아마존의 자세

하지만 애초 전문가들이 우려한 일이 벌어지지 않은 것은 아니다. 2008년 가을, 킨들 부서에 있을 때의 일이다. 아마존의 전자책

리더인 킨들은 여러모로 아마존에 큰 의미가 있는 제품이다. 무엇보다 제조사가 되어 출시한 최초의 아마존 브랜드 상품이기 때문에 아마존 입장에서는 다른 제품들보다 리뷰가 신경 쓰일 수밖에 없었다. 미국에서는 블랙 프라이데이Black Friday에서 크리스마스로 이어지는 11~12월 시즌이 대목이라 신제품들은 주로 10월 출시를 목표로 한다. 킨들도 마찬가지였다. 부서 내 모든 직원이 새로운 버전의 킨들을 시간에 맞춰 론칭하기 위해 1년을 하나의 목표로 일하던 상황이었다. 당시 내 책상에도 대여섯 개의 킨들이 어지러이 놓여 있었다.

킨들의 비전은 '세상의 모든 책을 60초 안에Every book, ever written, in any language, all available within 60 seconds'이다. 앞서 말한 대로 아마존의 방식은 기술적 어려움을 생각하지 않고 우선 고객의 필요를 생각하는데, 이 비전은 아마존의 이 같은 방식을 잘 반영한다. 단 1분 안에 어디서나 세상의 모든 책을 받아볼 수 있는 기기, 킨들은 이렇듯 철저하게 고객 관점에서 시작되었다. 남은 일은 비전에 맞추어 기존의 기술적 한계에 도전하고 불확실성과 싸워 세상에 없던 것들을 만들어내는 작업이다.

이를 위해 내가 속했던 위스퍼넷Whispernet 팀은 킨들이 핸드폰 네트워크를 통해 언제 어디서나 책을 다운로드할 수 있게 하는 임무를 맡았다. 핸드폰이 아닌 기기가 핸드폰 네트워크를 이용해야 했기 때문에 기술적으로는 물론 대형 통신사들과 제휴해야 하는 까

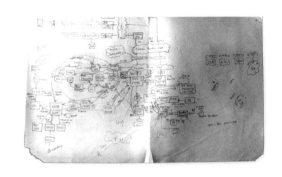

킨들팀에 있을 때 발품을 팔아 완성하여 벽에 붙여두었던 플로차트는 당시 나만의 보물지도였다.

다로운 과정을 거쳐야 했다. 한 권의 전자책이 킨들에 다운로드되기까지 내부적으로 셀 수 없이 많은 작업들이 조금의 실수도 없이 이루어져야 한다. 당시 전체 과정을 이해하려고 그려두었던 플로차트flow chart는 서울의 지하철 노선만큼이나 복잡했다.

마침내 그해 10월 초, 신제품 생산과 함께 선주문을 할 수 있는 제품 페이지가 생성되었다. 아마존의 첫 페이지에는 새로운 킨들의 출시를 알리는 배너가 가장 잘 보이는 검색창 위쪽에 자리 잡았다. 언론들은 앞다투어 보도했고 수많은 사람들의 이목이 집중되었다. 하지만 예기치 않은 곳에서 문제가 불거졌다. 큰 관심에 비례하여 아직 출시도 되기 전에 온갖 리뷰가 달리기 시작한 것이다. 해당 물건을 구매하지 않은 사람도 누구나 제품 리뷰를 쓸 수 있는 것이 문제라면 문제였다. 스마트폰이 대중화되던 시기라 터치 기능도 없고, 컬러 스크린도 아닌 킨들에는 아직 사용해보지도 않은 수많은 이들의 혹평이 쏟아졌다. 상황이 이렇다 보니 아마존 내에서 대책 회의가 열렸다. 사용해보지도 않은 이들의 악플 수준의 리뷰들을 어떠한 이유를 붙여서라도 지우고 싶은 유혹이 없었다면 거짓말일 것이다. 또한 아마존은 신제품의 초기 리뷰들이 앞으로의 판매에 지대한 영향을 주는 것을 누구보다 잘 알고 있었다. 기술적으로는 리뷰들을 손보는 것이 간단한 일이었고 아직 출시되지 않은 제품이라는 명분도 있었다.

하지만 아마존은 결국 리뷰에 전혀 손을 대지 않았다. 한 제품의 성패보다도 회사의 철학과 고객의 신뢰를 우선으로 생각한 결정이었다. 이러한 노력 덕분에 아마존의 소비자 리뷰는 소비자들이 가장 믿고 신뢰할 수 있는 객관적인 정보가 되었다. 다행히 킨들은 출시 후 실제 사용자들의 좋은 품평이 달리면서 아마존 내 전자제품 전체 매출 1위를 달성하는 큰 성공을 거두었다. 그리고 이후 아마존은 출시되지 않은 제품에 대한 리뷰는 남길 수 없도록 기능을 수정했다(여담으로 킨들의 경우와는 대조적으로 몇 년 후 출시된 아마존의 첫 스마트폰인 파이어폰Fire Phone은 수많은 혹평들과 함께 매장되어 아마존의 흑역사로 기억되고 말았다).

나만을 위한 상품들이
진열되는 쇼윈도

아마봇과 맞춤형 추천

한때 압구정 로데오 거리는 강남의 가장 큰 번화가였다. 나에게는 학창 시절 친구들과 자주 어울리던 추억이 많은 곳이다. 대학 졸업 이후 그곳을 다시 지나면서 많이 놀랐다. 그렇게 사람들로 가득하던 거리가 너무 한산했기 때문이다. 듣자 하니 비싼 임대료 때문에 많은 매장들이 인근 가로수길로 자리를 옮겼다고 했다. 상권이 이동하면서 유동인구까지 점차 역전되었고, 가로수길은 단기간에 로데오 거리를 대신하는 새로운 중심 거리로 자리 잡았다.

온라인 세상에서는 이와 같은 일이 더욱 냉혹하고 비일비재하게 일어난다. 한 시대를 풍미했던 싸이월드Cyworld와 마이스페이스Myspace는 페이스북의 등장으로 파리를 날리게 되었고, 알타비스타Altavista나 라이코스Lycos 같은 1세대 검색엔진들도 구글에 밀려 이제는 기억 속에 희미해지고 있다. 이런 냉혹한 시장 속에서 아마존은 20년 가까이 독보적인 이커머스 사이트로 군림하고 있다. 변화 속도가 더딘 오프라인의 압구정도 10년의 세월 동안 자리를 내어놓은 마당에 방문객 이동이 훨씬 빈번한 온라인 세계에서 아마존의 입지는 날로 올라가고 있는 것이다.

아마존의 메인 페이지인 Amazon.com은 일일 방문 횟수가 모든 사이트를 통틀어 미국에서 구글, 페이스북, 유튜브에 이어 네 번째로 많은 사이트다(흥미롭게도 해외 직구 덕분에 한국에서도 여덟 번째로 방문자가 많은 사이트다). 아마존의 무엇이 이를 가능하게 한 걸까? 물론 다양한 제품, 좋은 가격, 빠른 배송, 편리한 고객 경험의 이유가 있지만 그중에서 내가 꼽는 숨은 공신은 시대를 앞서간 개인화personalization와 실시간 추천real-time recommendation이다.

잠시 가로수길의 한 옷가게 주인이 되어 어떻게 상품들을 진열할지 생각해보자. 트렌디한 신상품 위주로 진열할 수도 있고, 가장 꾸준히 팔리는 베스트셀러들을 제일 잘 보이는 곳에 둘 수도 있다.

아니면 주인의 취향이나 매장 콘셉트에 맞추어 개성 있고 분위기 있는 제품들로 사람들을 모을 수도 있을 것이다. 어떤 선택이 되었건 오프라인 매장의 한계는 하나의 선택을 해야 한다는 것이다. 젊은 여성 고객을 타깃으로 진열된 상품들을 갑자기 임산부가 지나간다고 해서 임부복이나 신생아복으로 바꿀 수는 없기 때문이다. 하지만 만약에 그것이 가능하다면 어떨까? 누군가 매장 앞을 지나갈 때마다 그 고객의 성별, 나이, 취향과 상황에 딱 맞는 상품들만 보인다면 매출은 오를 수밖에 없을 것이다.

요즘은 다소 부정적인 의미로 과도한 업무 속에 로봇같이 일하는 아마존 직원을 가리키는 '아마존'과 '로봇'의 합성어 '아마봇Amabot'은 원래 아마존의 페이지들이 무슨 내용으로 채워질지를 결정하는 내부 AIArtificial Intelligence의 이름이다. 나는 수년간 관련 부서에서 일하면서 아마봇이 어떤 방식으로 작동하는지 가까이서 보았다. 아마존의 각 페이지는 슬롯slot이라 불리는 수많은 칸으로 구성되어 있는데, 각 슬롯마다 들어갈 수 있는 내용의 후보가 여럿 존재한다. 예를 들어 한 슬롯에 '킨들 제품'이 보일 수도 있고 '내가 어제 검색한 제품' 같은 더 개인화된 내용이 보일 수도 있다. 아마봇은 '언덕의 제왕King of the Hill'이라는 이름의 알고리즘을 사용해서 어떤 내용들로 페이지를 구성할지 결정한다. 간략하게 말하자면 초반에는 공정한 비율로 노출하다가 시간이 갈수록 매출을 더 많이 이끌어내는 내용 위주로 보이게 하는 알고리즘이다. 이 알고리즘에 따라 아마존 페이지들은 점차 각 고객별 맞춤 내용들로 채워지게 되었다. 상품과 내용이 개인화될수록 매출이 상승하는 것이 증명되었기 때문이다.

정확도가 파워를 이기고 타이밍이 스피드를 이긴다

그렇다면 개인화를 잘하기 위해서는 무엇이 필요할까? 2015년 말 이종격투기 역사상 최대의 빅매치가 열렸다. 10년 동안 한 번도 패한 적이 없는 챔피언 조제 알도Jose Aldo와 엄청난 쇼맨십과 실력으로 단시간에 스타가 된 코너 맥그리거Conor McGregor의 경기였다. 결과는 많은 이들의 예상과는 정반대로 나타났다. 경기 시작 13초 만에 단 한 번의 카운터펀치가 알도의 턱을 정확히 가격했고 무패의 챔피언이 고목나무처럼 쓰러진 것이다. 맥그리거는 경기 후 인터뷰에서 이렇게 말했다. "정확도가 파워를 이기고 타이밍이 스피드를 이긴다. 난 오늘 그것을 증명했다."

이는 비단 옥타곤 위에서만 적용되는 것이 아니라, 개인화라는 경기에서 아마존이 기존 챔피언인 월마트를 빅데이터를 활용한 정확하고 타이밍 좋은 맞춤 추천으로 제압하는 비결이기도 하다. 《넛지Nudge》를 쓴 리처드 세일러Richard H. Thaler가 2017년 노벨 경제학상을 받았을 때 굉장히 반가웠다. 2010년에 아버지 서재에 꽂혀 있던 책을 빌려서 재미있게 읽었던 책이기 때문이다. 책에서는 사람들의 행동을 자연스럽게 이끌기 위해 상품 위치를 변경하는 등의 강압적이지 않은 방식으로 변화를 이끄는 사례들이 많이 소개되었다. 하지만 오프라인의 경우 이런 넛지 마케팅의 활용이 제한을 받는다. 우선 활용을 위한 정보 수집이 어렵다. 매장에 들어오는 고객들의 정보도 알기 힘들뿐더러 모든 고객의 행동을 기록할 수도 없는 노릇이다. 또한 정보가 있다고 해도 시시각각 고객별로 상품을 재진열할 수 없기 때문에 고객별 맞춤이 아닌 전체 고객의 평균을 생각해서 하나의 선택을 해야 한다.

그러나 온라인은 다르다. 특히 아마존은 방대한 데이터와 뛰어난 인공지능 기술을 활용하여 이 같은 넛지 마케팅의 모범 사례가 되었다. 아마존이 수집하는 데이터는 실로 엄청나다. 지금 이 시간에도 아마존 사이트에서 일어나는 전 세계 소비자들의 클릭스트림 clickstream(인터넷상의 일련 행동정보)이 초대용량 데이터 분산처리 시스템에 빠짐없이 저장되며 실시간으로 기계학습machine learning을 통해 더 나은 구매 경험을 위해 활용된다. 구글이 검색 관련 정보의 1인자이고 페이스북이 관계에 대한 정보를 가장 많이 가지고 있지만 그 누구도 아마존만큼 구매와 직결된 정보를 가지고 있지 않다.

게다가 단순한 전자상거래 사이트에 머물지 않고 진화함에 따라 고객에 대한 더욱 다양하고 입체적인 정보가 나날이 아마존의 데이터베이스에 쌓이고 있다. 이런 데이터들이 날로 똑똑해지는 아닌텐도를 검색하고 나면 같은 제품을 검색했던 사람들의 데이터를 비교하여 제품을 추천한다. 닌텐도 관련 상품뿐 아니라 고객층이 비슷한 레고 제품도 다수 추천되었다.

마존 인공지능의 학습 재료다. 이 인공지능은 각 고객에게 보여 줄 내용을 페이지 로딩 시에 실시간으로 선별하고, 이에 따라 아마존을 방문하는 고객들은 각자 자신만을 위한 맞춤 쇼핑을 경험 하게 된다. 백문이 불여일견이니 지금 아마존 홈페이지로 가서 각 자 원하는 제품을 검색해서 1분 정도만 아이쇼핑을 해보자. 기존 사용자가 아니더라도 회원가입을 할 필요는 없다. 나의 경우 아이 들에게 사줄까 고민하고 있는 '닌텐도 스위치Nintendo Switch'를 검색했 다. 그리고 재미있어 보이는 게임들을 몇 개 클릭해서 제품 정보들 을 살펴본다. 잠시 후에 다시 아마존 홈페이지로 가보면 닌텐도 스 위치와 관련된 상품들 위주로 페이지가 바뀐 것을 확인할 수 있다. 당분간 아마존은 지속적으로 내가 관심을 보인 제품들을 아마존 곳곳에서 보여줄 것이며, 이는 내가 닌텐도 스위치를 살 확률을 비 약적으로 높일 것이다.

아마존은 이런 개인화에 필요한 데이터 활용과 실시간 추천을 위해 오랜 시간 많은 인력과 인프라를 투자했다. 고객들은 자신이 관심 있는 상품들이 자동으로 진열되어서 좋고, 아마존은 구매전환율을 올려서 좋다. 실제로 유통백서에 따르면 아마존을 방문한 소비자의 구매전환율은 13퍼센트로, 국내 온라인 쇼핑몰의 평균 6.2퍼센트를 두 배가량 웃돌고 있다. 또한 아마존은 이런 클릭스트림 데이터 기반 추천 서비스를 아마존 웹서비스AWS를 통해 제공하고 있다.

아마존이 고객 데이터를 활용하는 자세

아마존은 이런 데이터 수집과 활용 행위가 여전히 많은 소비자들에게 불안함과 불쾌감을 줄 수 있다는 사실을 잘 알고 있다. 그리고 이에 대해 아마존이 선택한 방식은 다름 아닌 정면 돌파다. 아마존은 고객 데이터가 기록된다는 사실을 애써 숨기지 않으며, 고객의 민감한 데이터는 모두 철저히 암호화하여 저장한다(아마존의 정보 보안은 미 해군이 사용할 만큼 신뢰도가 높다). 아마존은 고객의 신뢰를 최우선으로 생각하는 만큼 개인정보 유출이 일어날 수 있는 여건 자체를 만들지 않는다. 나도 아마존 내에서 업무상 고객 데이터에 접근하는 경우가 적지 않았지만 민감한 개인정보는 언제나 암호화되어 있었다. 이런 정보는 규정에 따라 몇 겹의 보안장치를 거쳐 저장되고 제3의 기관에 의해 주기적으로 감사된다.

암호화되어 저장된 각 고객의 데이터는 아마존의 추천 시스템 속에서 마치 콩이 메주가 되듯이 다른 데이터들과 함께 섞이고 합쳐진 새로운 형태의 집합적 데이터가 된다. 그래서 아마존은 개별적 고객의 행동을 사찰하는 것이 아니라 이렇게 집합적 고객 정보를 추천을 위해 활용한다. 또한 저장된 데이터를 활용하여 제품을 추천할 때에는 정확한 이유를 설명하고 있다. 즉, 단순히 '추천상품'이라는 애매한 표현을 쓰는 대신 '당신의 구매내역에서 영감을 얻은 상품들', '이 제품을 살펴본 고객들이 살펴본 다른 상품들'과 같이 정확히 왜 해당 상품들이 고객에게 추천되었는지를 투명하게 설명하여 불쾌감이 아닌 편리함과 신뢰를 더하는 것이다. 이 덕분에 자칫 공격 대상이 될 수도 있는 빅데이터 수집과 활용이 오히려 아마존의 최대 무기로 활용되고 있다. 물론 이는 애초에 고객과의 신뢰 관계가 없다면 불가능한 일이다.

각 고객을 위한 맞춤 서비스가 세상에서 가장 잘 이루어지고 있는 마법 같은 매장, 아마존은 이처럼 20년의 세월이 흐르면서 압구정이 가로수길에 상권을 빼앗기는 동안 임대료 걱정 없이 나날이 더 많은 고객들에게 더 개인화된 서비스를 제공하며 성장하고 있다.

시간을
선물해주는 곳

원클릭과 액티브 X

　내가 만난 분 중에 책을 가장 많이 읽으신 분은 어머니를 통해 알게 된 학자시다. 동시대를 함께 살고 있는 것이 감사할 만큼 존경하는 분인데, 그분의 댁을 처음 방문했을 때 입이 떡 벌어진 기억이 있다. 집 안의 모든 벽이 책으로 둘러싸여 있었고, 서재에는 수백 권의 책이 책상과 바닥에 어지럽게 쌓여 있었던 것이다. 지금까지 6만 권 가까운 책을 접하시고 10개 국어를 하신다는 이야기를 전해들었을 때는 설마 했는데, 결국 이를 신뢰하게 된 경험이 있다. 한국에서는 구하기 어려운 원서 신학 서적들을 대량으로 아마존에서 주문하여 한국으로 부쳐드리는 일을 몇 차례 하게 된 것이다. 인터넷 주문은 물론 이메일도 안 쓰셔서 전화 통화로 불러주시는 책 제목과 저자를 듣고 바로바로 검색하고 주문하는 일이었는데 한 번에 400권을 주문하신 적도 있었다. 보통의 서점이나 온라인 사이트에서는 하루 종일 걸려도 끝내기 힘든 일이다. 하지만 아마존의 빠른 로딩, 자동 검색, 그리고 한 번의 클릭으로 주문이 완료되는 원클릭One Click 기능 덕분에 한두 시간 만에 모든 주문을 마칠 수 있었다. 불러주시는 제목과 저자의 이름 중 가장 핵심이 되는 단어들로 책을 검색하고 바로 원클릭 주문 버튼을 누르면 몇 십 초 안에 하나의 주문을 완료할 수 있었다.

책을 부쳐드리고 두 달 뒤 한국을 찾았을 때 나도 한국말 책을 다수 주문해 가기로 마음먹었다. 하지만 아마존에서 수년 동안 근무한 경험이 무색할 만큼 한국 온라인 서점에서의 구매 경험은 나에게 큰 좌절을 안겨주었다. 수많은 팝업창들을 닫고 번쩍이는 광고들 틈에서 원하는 책들을 스무 권 정도 골라 카트에 담았지만 브라우저의 뒤로 가기 버튼 한 번에 카트의 모든 책들이 사라지기도 했고, 결제를 위해서 수상해 보이는 보안 프로그램을 설치하고 공인인증서가 담긴 USB를 컴퓨터에 꽂고 암호표를 해독해야 했다. 게다가 한국의 빠른 인터넷 속도에도 불구하고 페이지들의 로딩 시간은 아마존에 비해 몇 배 긴 것처럼 느껴졌다. 결국 시간이 부족해서 계획했던 수의 절반가량밖에 구입하지 못했다.

장기적 관점을 가지고 일을 처리하는 것은 일종의 투자다. 확장이 가능해지고 사고 발생 확률은 줄어들기 때문이다. 문제가 발생하더라도 비교적 쉽게 고칠 수 있다. 아마존에서 모바일 애플리케이션 개발을 한 적이 있다. 당시 우리 팀은 사용자가 더 많았던 아이폰 버전을 먼저 만들기로 정했는데, 이것은 아이폰만 생각하면 두세 달 걸릴 작업이었다. 하지만 우리는 앞으로 안드로이드를 비롯한 다른 어떠한 플랫폼으로 확장하더라도 문제가 없도록 디자인하여 초기에 두 배 가까운 시간을 들였다. 결과적으로 이후 안드로이드와 실크Silk(아마존의 모바일 운영체제) 버전으로 손쉽게 확장할 수 있었다.

한국 정부가 처음 액티브 X와 공인인증서를 단기간에 없앤다고 했을 때 사실 난 쉽지 않을 거라 생각했다. 이미 근시안적으로 잘못 지어진 건물을 기반부터 배관과 전선까지 모조리 바꾸는 작업이기 때문이다. 처음부터 제대로 짓지 않고 문제가 발생할 때마다 주먹구구식으로 처리하면서 발생한 빚이 눈덩이처럼 커져버렸다. 아니나 다를까, 정권이 바뀔 때까지 개선되지 못하고 새로운 대통령이 같은 정책을 공언했다.

온라인 구매 과정에 관한 아마존의 철학은 '사라지는 것'이다. 모든 단계가 물 흐르듯이 진행되어 소비자가 결정을 내림과 동시에 구매가 이루어지는 것을 추구한다. 글자 그대로 '원클릭', 곧 단 한 번의 클릭으로 어떤 브라우저나 기기에 상관없이 결제가 완료되기 때문에 처음 쓰는 고객들은 너무 쉽고 빠른 결제에 제대로 된 건지 불안함을 느낄 정도다(참고로 소비자는 원클릭으로 구매한 제품을 30분 내로 취소할 수 있다). 아마존은 이미 1997년에 원클릭 관련 특허들을 출원하여 누구도 따라올 수 없는 신속하고 편리한 결제의 상징이 되었다. 이후에 원클릭 결제의 중요성을 알게 된 애플 등은 아마존으로부터 관련 특허의 라이선스를 받아 사용하고 있다. 라이선스와 매출 증가 등을 고려하여 평가된 아마존의 원클릭 결제 특허의 가치는 수조 원에 달하는 것으로 추정된다.

아마존 결제는 단순히 빠르기만 한 것이 아니라 미국 국방부도 인정할 만큼 철저한 보안을 자랑한다. 아마존 결제는 여러 단계의 안전한 보안장치를 사용하여 서버와 클라이언트 간의 메시지는 물론이고 내부적으로 사용하는 신용정보 데이터도 모두 의무적으로 암호화한다. 고객이 새로운 기기나 네트워크를 통해 아마존에 접속할 경우에는 이를 알아차리고 항상 다시 암호를 기입하도록 한다. 철저한 보안 속에서 최대한의 편리함을 제공하는 셈이다.

마우스 클릭 한 번, 핸드폰 터치 한 번보다 더 빠른 결제 방식이 존재할까? 아마존은 고민을 멈추지 않고 그동안 아무도 생각하지 못한 것들을 꾸준히 세상에 내놓는다. 한국이 해묵은 액티브 X를

사물인터넷이라는 말조차 생소한 시절에 출시된 대시 버튼. 아마존의 혁신은 언제나 기술이 아닌 고객의 필요에서 출발한다.

없애려는 노력을 시작할 즈음 아마존은 '아마존 대시Amazon Dash'라는 엄지손가락만 한 귀여운 부착식 버튼을 소개했다. 아마존 대시는 항상 와이파이에 연결되어 있어 버튼이 눌리면 자동으로 생필품을 주문해주는 기기이다. 예를 들어 세탁 세제용 아마존 대시를 세탁기에 부착하고 간단한 셋업을 해놓으면 세제가 떨어져갈 때 버튼을 한 번 눌러주기만 하면 주문이 완료되어 빠르면 두 시간 안에 세제를 받게 된다. 마찬가지로 화장실에는 휴지나 비누, 냉장고에는 음료 등의 아마존 대시를 붙여놓으면 컴퓨터를 켜거나 휴대폰의 암호를 풀어 아마존에 접속하는 과정 없이도 말 그대로 원클릭으로 주문이 이루어진다. 원클릭 쇼핑 특허가 2017년에 만기가 되었어도 아마존이 크게 신경 쓰지 않는 것은 아마존의 성공 비결이 단순히 특허로 보호된 기술이 아니라 끊임없이 소비자 중심에서 생각하는 정신에 있기 때문일 것이다.

로딩 시간 0.1초의 의미

원클릭으로 주문 단계를 압축하는 동시에 아마존은 각 페이지가 로딩되는 시간과도 끊임없이 사투를 벌이고 있다. 아마존은 페이지의 로딩 시간이 매출에 미치는 영향을 정확히 알고 있다. 이미 2008년부터 자체 연구를 통해 로딩이 0.1초 지연될 때마다 판매가 1퍼센트 감소한다는 사실을 발견한 것이다. 2012년 조사에서는 로딩이 1초 길어질 경우 연간 자그마치 1.6조 달러의 손실이 발생할 것으로 산출했다. 이렇듯 전자상거래에서 페이지 로딩 시간은 고객의 만족도 및 매출과 직결된다. 물론 로딩 시간은 짧을수록 좋지만 수많은 콘텐츠를 보여주기 위해서는 기술과 인프라적 한계가 존재하기 때문에 현실적인 목표가 필요하다. 아마존은 페이지가 0.6초 안에 로딩이 되는 것을 목표로 모든 팀을 채찍질한다. 참고로 눈을 깜빡이는 시간이 보통 0.3초 걸린다.

말은 쉽지만 로딩 시간을 단축하는 일은 더 빠르고 안정적인 자동차 엔진을 만드는 것과 비견될 만큼 어렵고 기술적인 일이다. 소비자가 기다리는 시간을 최대한 줄이기 위해 아마존의 페이지는 수백 개의 컴포넌트component라고 불리는 구성 요소가 동시에 각각 다른 서버를 통해 로딩되도록 설계되어 있다. 다시 말해 검색창, 메뉴바, 추천제품, 광고 등 아마존 페이지를 구성하는 모든 구성 요소들이 독립적이고 병렬적으로 로딩된다. 또한 모든 구성 요소들의 로딩 시간이 빠짐없이 감시되어 기준 시간보다 느리게 로딩이 될 경우 곧바로 담당 팀의 경보가 울린다. 예를 들어 검색창이 기준보다 느리게 로딩이 되면 경보 소프트웨어가 자동으로 감지하여 곧바로 해당 팀의 당번 개발자 삐삐가 울리는 것이다.

게다가 아마존 회사 내부 연결망에서 아마존을 디버깅debugging(프로그램의 오류를 찾는 과정) 모드로 접속하면 아마존 사원 누구나 각 구성 요소의 로딩 시간을 쉽게 확인할 수 있다. 페이지가 느리게 로딩되는 것이 누구의 책임인지가 너무나 투명하게 보이는 것이다. 더군다나 로딩 시간이 느릴 경우 붉은색으로 표시되기 때문에 담당자들은 누가 시키지 않아도 기를 쓰고 속도를 줄이기 위해 고민한다. 아마존 내의 각 부서들은 이렇듯 상호 경쟁하면서 촌각을 단축하기 위한 노력을 지속하고 있다.

이러한 노력의 근본적 이유는 하나다. 소비자들이 더 빠르고 편리한 서비스를 좋아하기 때문이다. 0.1초의 단축은 단순한 매출 증가를 넘어 종종 승패를 가르는 요인이 된다. 0.1초 때문에 올림픽에서 매달의 색이 바뀌고 구글 크롬이 익스플로러의 독점을 빼앗았다. 이미 선두를 달리고 있는 아마존에게 0.1초는 더 나은 고객 만족을 향한 끊임없는 자기와의 싸움이다. 기다리는 것을 유독 싫어해서 시간을 도둑맞는 것같이 느끼는 나 같은 고객들에게 아마존은 생각해보면 시간을 선물해준 셈이다.

아웃스마트한 아마존의 고객 서비스

한 명의 고객에게 베푼 호의는 백 명의 고객을 데리고 온다

2008년 크리스마스를 앞두고 신문사 기자로 일하던 조는 아마존에서 아들을 위한 깜짝 선물로 플레이스테이션 3를 주문했다. 당시 가격으로 500달러. 아들이 꿈에도 그리는 선물이었다. 배송을 손꼽아 기다렸지만 금요일인 21일이 될 때까지도 물건이 도착하지 않았다. 주말이 지나면 곧바로 크리스마스이브가 되어버리니 자

첫 낭패를 볼지도 모른다는 생각에 바로 아마존 사이트를 접속했다. 그리고 배송 상황을 확인하고는 가슴이 철렁 내려앉고 말았다. 아마존이 이미 며칠 전 물건을 배달했고 옆집 사람에게 서명까지 받았다는 기록이 있었던 것이다. 당장 이웃을 찾아가 물건을 가지고 있느냐고 물었지만 가지고 있지 않다는 대답이 돌아왔다. 서명을 하고는 조의 집 앞에 물건을 놓았다는 것이다. '아차' 싶었다. 큰 선물들이 오가는 크리스마스 시즌에 우편물을 주인 몰래 훔쳐가는 좀도둑이 많다는 것은 이미 알고 있었다. 그렇다고 배송업체나 서명을 대신 해준 이웃을 원망할 수도 없었다. 물건을 약속대로 보낸 아마존에 책임을 물을 수는 더더군다나 없었다. 분명한 것은 물건이 사라졌다는 사실뿐이었다.

조는 지푸라기라도 잡는 심정으로 아마존 고객 센터에 전화를 걸었다. 자초지종을 설명하고 산타로부터 선물을 기다리고 있는 아들과 자신에게 얼마나 중요한 일인지를 이야기했다. 적어도 이 안타까운 사연을 하소연할 곳이 필요했기 때문이다. 놀랍게도 아마존의 대응은 상상 이상이었다. 아마존은 모든 손실 비용을 감수하고 빠른 무료 배송으로 새로운 플레이스테이션을 그날 조의 집으로 발송했다. 그리고 조의 아들은 크리스마스에 그토록 기다리던 게임기를 받을 수 있었다. 이 일이 있은 후에 조는 자신이 일하는 신문사에 관련 사연을 게재했고, 아마존은 새로운 플레이스테이션 가격과는 비교할 수 없는 어마어마한 광고 효과를 누렸다. 베조스 회장이 이야기하던 "한 명의 고객에게 베푼 호의는 백 명의 고객을 데리고 온다"는 말이 증명된 셈이다. 다만 다른 점이라면 단지 백 명이 아닌 수백만 명에게 이야기가 전해졌다는 사실이다.

사실 물건이 반품되어 돌아오더라도 아마존에 가는 피해는 그리 크지 않다. 반품된 물건들을 큰 손해 없이 처리할 수 있는 시스템을 구축해놓았기 때문이다. 일단 아마존은 애초에 물건을 도매로 구입할 때 반품 처리 비용을 명목으로 벤더들에게 일정한 디스카운트를 받아 해당 비용을 미리 확보해놓는다. 모든 반품된 물건은 켄터키주에 위치한 아마존의 반품 처리 센터로 가게 되는데, 이곳에서 제품 확인 절차를 거쳐 밀봉 제품, 중고로 판매가 가능한 제품, 판매가 불가한 제품으로 구분한다. 중고로 판매가 가능한 제품의 경우에는 정확한 제품 상태의 설명을 넣어 새 제품보다 적당히 낮은 가격으로 다시 판매한다. 포장이 열렸던 제품은 '오픈 박스open box' 제품으로, 수리가 필요했던 제품은 '리퍼비시refurbished' 제품으로 판매하는 식이다. 이러한 제품들은 '아마존 창고 세일 상품 Amazon Warehouse Deals'이라는 이름으로 재판매되고 있다. 반품되어 돌아온 처치 곤란 제품들을 가지고 성공적 틈새시장을 만든 것이다.

또한 반품이 많은 고객들에게는 자동적으로 이메일을 발송하는데 "고객님께서 아마존에서 최근 한 달간 5개의 물품을 반품하셨는데 혹시 저희가 도울 부분이 있으면 알려주시기 바랍니다"와 같은 내용이다. 내용 자체는 굉장히 친절하지만, 아마존이 모든 상황을 알고 있다는 것을 간접적으로 알려주는 것만으로도 고객들의 반품은 현저하게 줄어든다. 지혜로 상대를 앞서는 아마존의 '아웃스마트outsmart'한 방법의 또 하나의 예다.

찾을 수 없는 아마존의 전화번호

아마존에서 근무하던 시절에 실제 고객 상담 전화를 두 시간 동안 함께 들을 수 있는 프로그램이 있어서 참석한 적이 있었다. 고객 상담에 관한 아마존의 철학은 고객을 이해하고 그 필요를 해결해주는 것이다. 당시 영어가 서툰 고객, 컴퓨터가 익숙하지 않은 할아버지 고객과 상담원이 이야기를 나누는 것을 듣고 관찰했는데, 상담원의 친절함과 빠른 대응은 물론 상담의 세부 내용이 상세히 기록 · 분석되는 것이 인상 깊었다. 고객 상담 관련 정보들은 차후 분석과 활용이 가능한 데이터로 저장되는데 사유 및 해결 방안은 물론 걸려온 시간대나 총 통화 시간 등의 세세한 정보까지 놓치지 않는다. 이런 데이터는 매주 경영 미팅에서 검토되어, 문제의 원인을 해결하거나 새로운 도움 페이지를 만드는 등의 해결책을 모색, 적용하게 된다.

사실 아마존에서는 의도적으로 고객 상담 번호를 거의 찾을 수 없도록 공개하지 않는다. 자신 있다면 당장 아마존으로 가서 고

아마존의 도움 페이지에는 전화번호가 없다. 그 대신 셀프서비스로 문제 해결을 하도록 도우며, 통화를 원할 경우 아마존 상담원이 고객에게 전화를 건다.

객 서비스 전화번호를 한번 찾아보라. 아마 10분이 지나도 찾기 힘들 것이다. 고객을 위한다고 하면서 전화번호를 숨기는 것이 역설적으로 들리겠지만 이 또한 상식을 파괴하는 아마존의 고객 서비스다. 모든 상황에 대해 전화로 상담하고 문제를 해결해주는 기존의 방식 대신에 우선 최대한 셀프서비스로 문제를 해결할 수 있도록 도움 페이지에 많은 투자를 했다. 예를 들어 반품을 원하는 경우 버튼 몇 번만 누르면 반송장을 인쇄할 수 있다. 만일 원하는 도움 페이지를 찾지 못했거나 직접 아마존 측과 이야기하고 싶은 경우에는 콘택트 어스contact us 페이지를 통해 할 수 있다. 서로 간의 시간 절약을 위해 고객은 우선 기본적인 정보들을 입력하게 되는데 주문번호와 도움받을 사유 등이다. 그러고 나면 이메일, 전화, 채팅, 이렇게 세 가지 수단 중 하나를 골라 드디어 아마존과 이야기할 수 있다. 당장 시간을 뺏기기 싫다면 이메일로 내용을 적어 보낼 수 있고, 바로 문제를 해결하고 싶다면 전화나 채팅을 사용할 수 있다.

전화의 경우 고객 서비스에 전화를 걸어 수화기를 귀에 대고 몇 분이 지나도 반복되는 클래식 음악을 들어본 사람이라면 얼마나 이 과정이 짜증 나고 불편한지 잘 알 것이다. 더군다나 오랜 기다림 끝에 상담원과 어렵게 연결되었는데 문의 내용에 대해서는 다른 상담원을 연결해야 한다고 하여 또다시 기다리는 경우도 적지 않다. 아마존은 고객이 전화를 걸어 기다리게 하는 대신 아마존이 잠시 후에 고객에게 전화를 거는 단순하지만 혁신적인 방법을 일찌감치 도입하여 이런 불편을 해결했다. 고객 상담 번호를 공개하여 일일이 상담하는 대신 세심하고 혁신적인 고객 서비스를 제공하여 고객 만족과 비용 절감이라는 두 마리 토끼를 성공적으로 잡고 있는 셈이다.

원격조종 고객 서비스 메이데이

영화나 미국 드라마에서 비행기가 추락 또는 비상착륙을 해야 할 때 조종사가 긴급하게 '메이데이! 메이데이! 메이데이!'를 세 번 외치는 장면을 한 번쯤은 보았을 것이다. 메이데이Mayday는 목소리 전송 원격통신에서 조난신호로 쓰이는 국제적인 긴급 부호인데, 프랑스어 venez m'aider 또는 m'aidez에서 나온 말로 '날 도우러 오시오'라는 뜻이다. 아마존의 태블릿 기기 파이어Fire에는 이 메이데이라는 버튼이 있다.

처음 전자제품을 쓰기 시작하거나 문제가 생겼을 때 가장 편리하게 도움을 받을 수 있는 방법을 한번 생각해보자. 전화로 상담원에게 문제를 설명하는 것은 해결은커녕 설명하는 것조차 쉽지 않다. 그렇다고 전문가에게 물건을 맡기거나 집으로 부르는 것은 시간도 오래 걸릴뿐더러 비용이 발생한다. 그런데 마침 집에 그 물건의 사용법을 잘 아는 누군가가 있다면 어떨까? 두 번 생각할 필요도 없이 그 사람을 불러서 문제를 빠르고 쉽게 해결할 것이다.

마찬가지로 고객이 아마존 태블릿 기기를 사용하다가 언제든지 궁금한 점이나 문제가 생겼을 때 메이데이 버튼을 누르면 비슷한 경험을 하게 된다. 버튼을 누르면 24시간 대기 중인 기술팀 상담원과 15초 안에 영상으로 연결이 되는데 이때 고객은 상담원의 목소리는 물론 얼굴까지 볼 수 있다(참고로 상담원은 고객을 보지 못한다). 무엇보다 편리한 것은 이 전문 상담원이 원격으로 고객의 태블릿 기기를 제어할 수 있다는 점이다. 처한 문제나 궁금증을 이야기하고 전문가의 손에 자신의 기기를 맡기면 순식간에 문제가 해결되는 것이다.

해당 기능을 탑재한 태블릿 기기가 출시되자 고객 연락의 75퍼센트가 메이데이를 통해 이루어졌으며 놀랍게도 평균 응답 시간은 목표인 15초를 훨씬 밑도는 9초대로 발표되었다. 원격조종과 더불어 메모판 기능이 있어서 상담원이 글이나 그림을 활용해 설명할 수 있도록 하는데 덕분에 재미있는 요청도 많았다. 고객들이 외계인, 불을 뿜는 용, 웃는 얼굴을 그려달라고 짓궂은 부탁을 하는 경우도 있었고, 생일 선물로 받을 사람에게 생일 축하 노래를 불러달라는 요청까지 있었다고 한다. 모든 상담원들이 웃는 얼굴로 최상의 고객 서비스를 제공했음은 물론이다.

아마존 고객 서비스 책임자 스콧 골드가 직접 지적한 대로 원격제어 서비스는 이미 많은 기업들의 IT 지원팀이 활용하고 있는 만큼 그 자체로 새로운 혁신은 아니다. 그러나 딱딱한 원격제어 서비스 기술과 상냥하고 전문적인 상담원과의 즉각적인 24시간 영상통화가 결합되어 탄생한 메이데이는 당시 아마존 CEO 제프 베조스가 "우리가 지금까지 만든 기능 중 가장 위대하다"라고 자화자찬할 정도로 고객 서비스의 새로운 장을 열었다는 평가를 받았다.

메이데이 기능이 탑재된 파이어 태블릿이 처음 출시되고 5년이 지난 2018년 6월, 아마존은 메이데이 서비스의 중단을 발표했다. 처음에 뉴스를 접했을 때는 '좋은 기능이라더니 왜 중단하지?'라고 생각했지만 이내 아마존다운 결정임을 수긍했다. 마켓 리더인 애플에 비해 4분의 1 정도로 저렴한 가격과 메이데이 같은 서비스가 힘을 더해 아마존 태블릿은 크게 성공했다. 아마존은 단기적 손해를 감수하더라도 기기 가격을 최대한 낮추어 마켓 점유율을 높이고 이후 콘텐츠 서비스 등으로 그 비용을 충당하는 전략을 취했는데, 심지어 대기 화면에 광고가 뜨는 모델은 추가 할인을 주어 광고주가 소비자의 부담을 덜도록 했다.

　이처럼 아마존 태블릿이 대중화되면서 사용 방법에 대한 문의는 점차 줄고 본래의 취지와는 무관한 요청이 대부분을 차지하면서 발생하게 된 인건비의 낭비가 메이데이 서비스 중단의 가장 큰 원인으로 꼽힌다. 일일이 고객 문의에 대응하는 대신 지난 5년간 차곡차곡 쌓인 상황별 데이터를 토대로 대부분의 문제를 스스로 해결할 수 있는 완성도 높은 태블릿 관련 도움 페이지를 통해 비용은 더욱 줄이고 편리함은 높이는 결정을 내린 것이다.

소외된 이들을
위하여

시각장애인 협회의 소송

입사한 지 4년째 되던 2007년의 화창하던 초여름날이었다. 갑자기 부서의 전 직원 소집 이메일이 왔다. 직원들이 팩메드 뒷마당의 잔디밭에 모이자 머리가 희끗하고 몸이 다부진 한 남자가 벤치 위로 올라갔다. 군인 출신이라고 자신을 소개한 크레이그는 오늘부터 아마존 내 다른 부서에서 이 팀의 디렉터로 부임했다고 밝혔다.

당시 내가 있던 부서는 웹페이지에 보이는 정보의 생산 및 관리를 총괄하는 콘텐츠 플랫폼Contents Platform 부서였다. 그는 자신의 첫 임무로 한 가지 중요한 사실을 이야기했는데, 그것은 뜬금없게도 시각장애인에 관한 이야기였다. 들어보니 그해 초 미국의 시각장애인 협회가 아마존이 사용하기에 불편하다는 이유로 소송을 걸었고 이에 아마존은 앞을 볼 수 없는 이들도 문제없이 쇼핑할 수 있도록 수정할 것을 협의했다는 내용이었다. 그렇게 하여 세계 최초로 온라인 전자상거래 사이트의 대대적인 접근성accessibility 작업이 시작되었다.

접근성 작업은 주로 건물이나 도로를 만들 때 장애인들이 사용할 수 있도록 계단 옆에 엘리베이터나 경사면을 만드는 등의 작업을 일컫는다. 큰 비용이 드는 데 반해 경제적 이익은 적기 때문에 비즈니스를 목적으로 하는 가게들에게 이런 작업이 달가울 리 없다. 더군다나 정부 차원의 규제가 아닌 협회의 소송 때문에 다른 사이트는 하지 않아도 되는 엄청난 작업을 해야 하는 것이 아마존 입장에서 불공평하게 느꼈을 것이다. 또한 협의 내용 중에는 앞으로 추가되는 모든 기능도 시각장애인이 사용할 수 있어야 한다는 규정이 있어서 자칫 올무가 될 수도 있었다. 하지만 베조스 회장은 우리 부서가 하고 있던 다른 모든 업무보다도 이 작업을 최우선순위로 만들었고, 이를 위해 새로운 디렉터까지 부임시켰다. 이뿐 아니라 아마존의 비용으로 관련 분야의 전문가를 시각장애인 협회의 고문으로 고용했다.

제시된 규정에 따라 아마존의 페이지를 구성하는 문자, 링크 주소, 이미지 파일, 메타데이터metadata(다른 데이터를 설명하는 데이터) 등의 구성 요소들에 대한 전수 검사 및 수정 작업이 시작되었다. 이를 위해 사원들은 시각장애인이 어떻게 인터넷을 사용하는지부터 이해해야 했다. 회사 내에 실제 시각장애인이 사용하는 기기들을 체험할 수 있는 실험실이 만들어졌다. 앞을 볼 수 없는 시각장애인은 인터넷을 사용할 때 소리로 내용을 듣는다. 직접 체험해보니 그들의 마음이 이해가 되었다. 무엇보다 아마존 페이지에서 사용되는 링크나 이미지의 주소는 마치 긴 암호와 같아서 듣는 입장에서는 몇 분이고 아무 의미 없는 내용을 듣고 있어야 하는 곤욕을 치러야 했다. 예를 들어 https://www.amazon.com/dp/B01J94SWWU/ref=ods_gw_m_g1_tab_ds_tpr_dec18를 기기가 읽어주는 것이다.

이 문제를 해결하기 위해 아마존에서 사용되는 모든 링크와 이미지는 실제 주소가 아닌 의미만을 간략하게 전달해주는 대체문구alt text가 추가되어야 했다. 이렇게 하면 기기가 짧은 대체문구를 읽어주어 듣는 사람이 의미를 파악할 수 있다. 이와 비슷한 30개 정도의 규정을 정확히 지키면 아마존은 소외되었던 시각장애인들이 접근할 수 있는 사이트가 될 수 있었다. 또한 아마존의 모든 페이지들이 시각장애인을 위한 심플한 버전으로도 로드될 수 있도록 했다. 테스팅 개발자로 있던 나는 아마존 페이지 주소를 넣으면 각 구성 요소들을 검사하여 규정에 어긋난 곳을 찾아주는 툴을 만들었는데 활용도가 높아지면서 아마존 전 사원들을 대상으로 한 설명회를 가지기도 했다. 개인적으로 아마존 근무 시절을 통틀어 가장 보람 있었던 프로젝트 중 하나로 남아 있다.

결국 아마존은 집중적인 화력을 쏟아부어 접근성 작업을 1분기 만에 성공적으로 마쳤다. 이는 사람들의 예상보다 훨씬 빠른 결과였다. 그러자 소송을 걸었던 시각장애인들이 이제는 아마존의 독점 고객이 되었음은 물론이고 자발적인 홍보자가 되었다. 아마존의 접근성은 다른 전자상거래 사이트를 비교적 부도덕한 사이트로 만들어버렸고, 아마존은 또다시 고객 중심의 철학을 증명하며 고객들의 신뢰를 쌓았다.

차별이 아닌 다양성을 추구하는 곳

아마존의 이런 접근성 작업은 10년도 더 지난 오늘도 웹사이트뿐 아니라 모바일, 킨들, 아마존 웹서비스에 이르기까지 사업의 전 방위에서 지속되고 있다. 앞서 이야기한 소송 이후에 아마존에는 접근성 담당 팀이 생겼는데, 2018년 3월 아마존의 회사 블로그에 이 팀에서 5년째 일하고 있는 20대의 흔치 않은 한 개발자가 소개되었다(https://blog.aboutamazon.com/working-at-amazon/blind-since-birth-writing-code-at-amazon-since-2013).

유전병으로 날 때부터 앞을 보지 못하는 마이클 폴자노Michael Forzano는 5세 때는 청각에도 문제가 생겨 보청기를 착용해오고 있다. 그는 고등학교 때부터 오디오 게임에 관심을 가지면서 독학으로 프로그래밍을 시작했다. 화면을 볼 수 없기 때문에 글자를 읽어주는 소리를 듣고 코드를 쓴다. 그가 서류전형과 두 차례의 전화 인터뷰를 통과하고 아마존에 최종 면접을 보러 왔을 때 비로소 면접관들은 그가 시각장애인임을 알게 되었다.

마이클은 화이트보드 대신에 자신의 컴퓨터로 면접 문제를 풀어도 되는지를 물었고, 그것은 아마존에서 아무런 문제가 되지 않았다. 다른 무엇도 아닌 지원 포지션에 대한 자질로 그는 판단되었고 또 합격했다. 혹자는 보여주기 식으로 채용된 것이 아닐까 생각할지도 모르지만, 그의 팀 동료들은 그가 오히려 자신들보다 전체 프로그램의 구조를 잘 이해하는 초능력을 가졌으며 팀에 꼭 필요한 인재라고 입을 모은다. 나도 해당 블로그에서 그가 실제로 일하는 영상을 보았는데 일반 사람은 알아들을 수 없는 속도의 소리를 듣고 엄청나게 빠르게 타이핑하는 모습이 경이롭기까지 했다.

이처럼 아마존은 고객은 물론 사원들도 성별, 인종, 나이, 장애 유무, 결혼 유무 등으로 절대 차별하지 않는다. 이런 사항은 이력서에 전혀 명시되지 않으며 면접 중에 물어봐서도 안 된다. 사람을 뽑을 때도 지원자들을 스펙으로 줄 세우기를 하지 않고 기본적인

모니터를 보는 대신 귀로 듣고 프로그래밍을 하는 마이클 폴자노는 아마존에서 시각장애인들을 위한 접근성 담당 팀에서 근무하고 있다. 그의 팀원들은 그를 장애인이 아닌 초능력자라고 부른다.

능력 위에 색다르고 주체적인 경험이 많은지에 관심을 가진다.

컬럼비아 경영대학원의 갈린스키Adam Galinsky 교수가 두 가지 이상의 문화 속에서 산 경험이 있는 사람들의 창의성이 높다는 연구 결과를 발표한 바 있는데, 아마존은 이런 다양한 배경의 사람들이 더 넓은 사고의 지평을 가져다준다고 생각하여 다양성 추구가 단순히 옳은 행동일 뿐 아니라 사업 자체에도 도움이 된다고 믿는다. 아마존의 회사 웹사이트에는 '다양성'을 주제로 한 페이지가 있다 (https://www.amazon.jobs/en/landing_pages/diversity). 그 페이지의 첫 문장은 아래와 같다.

"아마존은 여태껏 그래 왔듯이 앞으로도 언제나 다양성과 포용을 지향할 것입니다. 저희는 각기 다른 배경과 출신을 가진 이들을 원합니다. 진정하고 고유한 최고의 자신을 일터로 데려 오십시오."

4

—

시간이라는 바람으로 가는 돛단배

—

큰 나무의 씨앗은
금방 자라지 않는다

아마존의 주가수익비율이 높은 이유

2004년 아마존에 처음 입사할 때 한 주에 40달러를 넘지 않았던 아마존 주식이 한때 2000달러에 육박하기도 했다. 안타깝게도 주식의 대부분을 오래전 200달러 정도에 얼씨구나 하고 팔고 말았다. 당시에 어설프게 재무제표 읽는 법을 공부하고 보니 아마존 주식의 PER 지수(주가수익비율)가 너무 높아서 단순하게 주가가 고평가

● 매출　　● 순이익

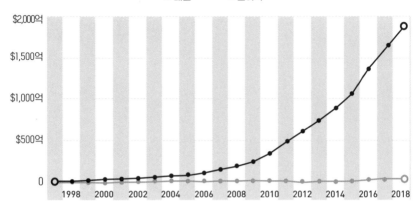

아마존의 매출과 순이익

되어 있다고 생각했던 것이다. 실제로 아마존의 PER 지수는 동종 업계의 구글이나 마이크로소프트, 페이스북과 비교해도 약 10배 가까이 높은 수치이기 때문이다. DNA 자체가 다른 기업을 단순한 지표 하나로 판단하려 했던 이 오만과 무지에 대해 나 자신 이외에 누구를 탓하랴.

후에 돌아보니 아마존의 PER 지수가 이렇게 높은 것은 이윤의 대부분을 다른 장기적 사업에 끊임없이 재투자하기 때문이었다. 그래프에서 보듯 매출은 매년 기하급수적으로 늘어나는 반면 순이익은 거의 제자리걸음이다. 이렇게 매년 커져가는 둘의 간극은 고스란히 새로운 산업의 거름으로 사용되고 있다. 마치 농부가 추수하고 나서 딱 먹을 만큼만 먹고 나머지로 더 큰 밭을 사서 계속 새로운 농작물을 심는 것과 같다. 지금까지는 물론 앞으로도 아마존의 성장이 무서우리만큼 기대되는 이유다. 실제로 〈이코노미스트 The Economist〉는 아마존 기업 가치의 92퍼센트는 2020년 이후 발생할 것으로 예견되는 이익에서 나온다고 분석했다. 이렇듯 장기적 관점을 빼놓고 아마존의 성공을 이야기할 수 없다. 베조스 회장은 고객을 위한 위대한 발명에는 오랜 시간과 수많은 실패가 필요하다는 것을 안다.

실패로 끝난 아마존 프레시?

아마존 프레시Amazon Fresh라는 식료품 배달 서비스는 이미 오래전 2007년 시애틀에서 시작했다. 책으로 시작한 아마존은 이후 음반, DVD, 전자제품으로 사업을 확장하고 있었는데, 이런 제품은 고객이 한 번 이상 사지 않는 물품이라는 것을 곧 깨달았다. 그래서 먹거나 쓰면 다시 구입해야 하는 식료품과 생필품 시장에 눈을 돌리던 차에 당시 유럽에서 비슷한 사업이 등장하면서 아마존 프레시 사업의 첫 씨앗이 심긴 것이었다. 참고로 미국 식료품 사업의 시장 규모는 8000억 달러(약 900조 원)에 달한다. 이는 온라인 시장의 수십 배에 달하는 규모이니 아마존이 군침을 흘리지 않을 수 없는 시장이다.

하지만 미국이라는 토양은 녹록지 않았다. 우선 땅이 무지막지하게 넓다 보니 애초에 한국과 같이 배달 문화가 잘 발달하지 못했다. 또한 차가 없으면 장을 보기도 힘든 나라인지라 대부분의 식료품은 일주일에 한두 번 차를 타고 월마트나 코스트코 같은 대형 마트에서 구매하는 것이 미국 사람들의 오랜 생활습관이자 낙같이 되어버렸다. 게다가 기존 물품과 달리 식료품은 소비 직전에 구매하는 경우가 많아서 소비자들은 이틀씩 기다리기를 원치 않았다. 무엇보다 먹을거리는 직접 눈으로 보고 사는 것을 선호했고 신선도를 유지하기 위한 포장 방식에도 애로사항이 많았다. 초창기에 호기심으로 나도 몇 번 아마존 프레시로 식료품을 배송받았지만 같은 이유로 그 후로는 이용하지 않게 되었다.

시간이 지나면서 발표 당시 뜨거웠던 언론의 관심도 점차 수그러지고 길에서 자주 목격되던 아마존 프레시 트럭도 뜸해졌다. 분기별 보고 때마다 적자를 면치 못해 애물단지 취급을 받았고 비슷한 시기에 시작한 경쟁 업체들도 하나둘 문을 닫았다. 이런 시기에 열린 전체 회의에서 아마존 프레시의 미래에 대한 질문이 베조스 회장에게 던져졌다. "씨앗은 금방 자라지 않습니다"라고 말한 그의 대답을 나는 기억한다. 회장의 믿음은 확고했다. 100년이 지나도 소비자들은 식료품과 생필품을 지속적으로 구매할 것이라는 예측과 더 편리한 서비스와 싼 가격을 고객에게 제공할 수 있다는 변함

없는 믿음이 있었다.

아마존 프레시가 시애틀에서 수많은 시행착오를 거쳐 캘리포니아로 확장하기까지는 그로부터 자그마치 6년이라는 세월이 걸렸다. 그동안 아마존은 배송 방식, 포장 방식, 가격 방침 같은 크고 작은 부분들을 지속적으로 실험했다. 수많은 자본과 인력이 투입되었지만 해당 사업부의 장부는 항상 마이너스였다. 그렇지만 멈추지 않고 다양하고 유연한 방법으로 사업을 진화시켰다. 식료품뿐 아니라 책, 장난감, 소형 전자제품 같은 베스트셀러 상품들도 취급하며 적자 폭을 줄여나갔고, 이를 위해 진출한 지역들을 중심으로 작은 창고들을 대폭 늘렸다. 독자적으로 존재하던 사이트를 아마존 닷컴으로 이전했고, 자동차에서 내리지 않고 물품을 받을 수 있는 장소도 만들었다.

그럼에도 아마존은 사업 시작 후 10년이 지난 2017년 11월, 뉴욕 등의 대도시를 제외한 나머지 지역의 아마존 프레시 서비스를 중단한다고 발표했다. 결국 아마존 프레시는 실패한 사업이 되고만 것일까? 그렇지 않다. 오히려 10년 동안 아마존이 식료품 사업에서 실패를 거듭하며 뿌린 씨앗은 누구도 생각하지 않았던 모습으로 자라났다. 우선 대도시 중심으로 늘어난 작은 창고를 활용하여 베스트셀러 상품 및 음식을 한 시간 안에 받을 수 있는 아마존 프라임 나우Amazon Prime Now 서비스를 탄생시켰다. 이와 함께 배송 시간을 단축하기 위한 노력의 결과로 일반인을 활용한 공유경제 배

아마존 데이원 빌딩 1층에 자리한 무인점포 아마존 고. 물건을 집어서 가지고 나오면 자동 결제가 되는 편리한 곳이지만, 처음 방문했을 때는 사람이 너무 많아서 애를 먹은 적이 있다.

송 서비스인 아마존 플렉스Amazon Flex도 시작되었다. 그리고 2016년 말 아마존 프레시 사업을 통해 구축한 식료품 공급망을 활용하여 무인 식료품점 아마존 고Amazon Go 1호점을 열었다.

아마존은 아마존 프레시 서비스 중단 발표 몇 달 전 137억 달러(약 15조 5000억 원)를 내고 미국 내 최대 유기농 식품업체인 홀푸드 마켓Whole Foods Market을 인수했다. 미국, 캐나다, 영국 등지에 460개 지점을 가진 홀푸드는 아마존 본사 바로 옆과 내가 사는 도시에도 있어서 자주 갔다. 매우 질 좋은 농산물을 비싼 가격에 파는 전략으로 웰빙 바람을 타고 고소득층을 공략하는 데 성공한 대형 마트다. 아마존은 인수를 완료하자마자 평균 40퍼센트가 넘는 세일을 시작하며 식품유통업계 전반을 흔들기 시작했다. 가격인하 정책을 통해 그동안 비싸서 홀푸드를 이용하지 못했던 고객들을 대거 유입하고 있는 것이다. 질 좋은 물건을 싸게 판다는데 마다할 고객이 있을까?

기존 전통적 식품유통업체들을 바짝 긴장시키고 있는 것은 단순한 가격인하 정책이 아니다. 세계적 금융기업 바클레이스Barclays의 애널리스트 캐런 쇼트Karen Short는 "진화와 변혁을 거듭하지 못한 전통적 슈퍼마켓들은 아마존의 등장으로 큰 타격을 입게 될 것"이라고 전망했다. 아마존에게는 있지만 다른 전통적 마켓이 가지지 못한 것은 바로 '진화와 변혁'을 거듭한 경험이다. 그리고 그것은 지난 10년 동안 아마존 프레시 사업의 수많은 실패 위에서 자라났다. 그렇게 10년, 아니 100년을 내다보고 뿌려진 작은 씨앗은 시장 규모 900조 원의 식료품 업계를 송두리째 흔드는 거목으로 크고 있다.

사내 복도에 그려진, 아마존이 인수한 회사들의 로고

무한 성장의 비밀, 선순환의 수레바퀴

아마존 성장의 비밀이 담긴 플라이휠

내가 아는 초밥집 사장님은 아침에는 빵을 먹고 점심에는 찌개랑 밥을 드신다. 초밥은 쳐다보지도 않는다고 한다. 일이 되면 다 그런 건지 나도 소프트웨어 개발자로 8년 가까이 근무하다 보니 한때 좋아했던 프로그래밍도 서서히 싫증이 나더니 나중에는 정말 하기가 싫어졌다. 부서를 몇 차례 옮겨봤지만 시간이 지나면 또다시 성장이 멈춘 듯한 답답한 악순환이 계속되었다. 고민 끝에 일단 개발자로서 가장 해보고 싶던 일에 도전하고 나서 결정하기로 했다(돌아보면 이 도전은 내 인생에서의 선순환을 시작하는 결정이기도 했다). 마침 당시는 스마트폰이 대중화되면서 모바일 애플리케이션 개발 열풍이 한창이었다. 사내 인터뷰 과정을 거쳐 원하는 부서에 들어간 뒤 애플리케이션 개발을 1년 정도 원 없이 했다. 그리고 우리가 론칭한 아마존 로컬 애플리케이션은 회사 브랜드 이름에 힘입어 애플 스토어에서 해당 카테고리의 톱 10에 올랐고 별 다섯 개의 리뷰로 도배되었다. 그런데 기분이 이상했다. 엄청 좋을 줄 알았는데 그렇지가 않았다. 오히려 개발자로서 해보고 싶던 일을 마치고 나니 더 이상 개발자라는 직업에 대한 미련이 하나도 남지 않았다. 그리고 바로 다음 주에 상사에게 회사를 그만두겠다고 이야기하고 한 달의 위임 과정 후에 퇴사하기로 결정했다.

퇴사를 몇 주 앞두고 우연히 회사 앞 스타벅스에서 내가 속했던 부서의 부장인 마크를 만났다. 그는 내가 아마존을 나간다는 얘기를 들었다면서 같이 커피 한잔하지 않겠느냐고 했다. 결과적으로 그와의 대화 후에 나는 개발자가 아닌 마케팅 경영 분석가로 3개월 더 아마존에 남기로 결정했다. 이제는 개발이 아닌 경영 쪽에 관심 있다고 이야기했는데, 마크가 그렇다면 부서 내에 자리를 만들어 볼 테니 관련 일을 해보지 않겠느냐고 제안한 것이다. 3개월 일을 해보고 나서도 싫으면 나가면 되고 좋으면 계속 일하면 되니 나로서도 잃을 게 없는 도전이었다. 그 후 나는 아마존을 퇴사하기까지 3년 동안 마케팅과 경영 관련 부서에서 돈으로 살 수 없는 다양한 경험을 하며 성장할 수 있었다.

개발팀에서 마케팅 부서로 옮긴 후부터 매주 화요일 오후에 있는 주간 경영 보고 회의에 참석했다. 한 주간의 경영 상황과 주요 안건들을 핵심 관계자들이 모여 공유하고 논의하여 액션 아이템 action item(회의 후에 취해야 할 특정 목표를 위한 행동)을 정한다. 매주 회의 전에 전달되는 WBR 덱Weekly Business Review Deck이라 불리는 두꺼운 프린트물은 관련된 주요 지표들과 분석 자료들로 빼곡히 채워져 있다. 그리고 그 표지에는 항상 오렌지색 동그라미와 화살표가 그려진 심플한 다이어그램이 프린트되어 있는데, 이 단순한 그림 안에 아마존의 성장 원리가 고스란히 담겨 있다.

플라이휠flywheel이라고 부르는, 이 회전하는 바퀴 그림은 회사 설립 초기에 베조스 회장이 고안한 뒤 매주 모든 사원에게 상기되는 아마존의 사업 성장 모델이다. 초창기 베조스 회장이 간부들과 식사하다가 냅킨에 간단히 스케치한 것이 지금까지 전해지고 있다. 아마존의 시크릿 소스secret sauce(비법)라고 불리는 이 모델의 가운데 원형에는 성장Growth이 적혀 있고 주위에는 몇몇 항목이 서로 화살표로 사이클을 이루고 있는데, 각 항목의 성장은 다음 항목의 성장을 가져오도록 연결되어 있다. 이들은 완전한 원형 고리로 연결되어 있어 어느 항목이라도 더 강해지면 선순환이 반복되어 회사 전

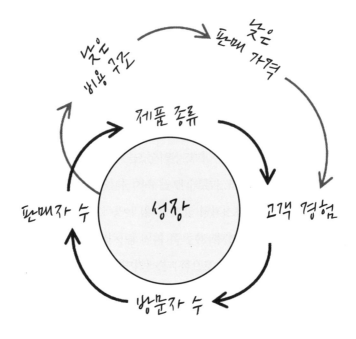

낮은
판매 가격

낮은
비용 구조

제품 종류

성장

고객 경험

판매자 수

방문자 수

베조스 회장이 고안한 플라이휠. 아마존의 모든 사업은 계획 단계에서부터 이 선순환 구조에
어떻게 기여하는지를 설명해야 한다.

체의 성장을 가져다주는 원리다. 어느 회의 자리에서 말 많은 동료의 영양가 없는 말이 끝나기를 기다리며 플라이휠을 한동안 응시하다가 아마존의 성장은 그냥 이루어진 것이 아님을 알 수 있었다.

플라이휠을 잘 들여다보면 두 개의 선순환 바퀴가 있다. 하나는 제품 종류Selection → 고객 경험Customer Experience → 방문자 수Traffic → 판매자 수Sellers → 제품 종류Selection로 이루어져 회사의 성장을 이루어내는 첫 번째 바퀴이고, 다른 하나는 성장Growth → 낮은 비용 구조Lower Cost Structure → 낮은 판매 가격Lower Prices → 고객 경험Customer Experience으로 이루어진, 성장을 통해 더 큰 성장을 견인하는 두 번째 바퀴이다. 이 두 바퀴에는 시작점이 없으며, 각 항목의 개별적인 성장이 회사 전체의 성장으로 이어지도록 연결되어 있다. 이 두 바퀴를 잘 이해하면 아마존 성장의 놀라운 비밀을 발견할 수 있다. 다소 딱딱한 내용이지만 함께 살펴보자.

성장의 기반인 첫 번째 바퀴

판매 제품 종류의 증가

'세상에서 가장 큰 가게World's Biggest Store'나 '모든 것을 파는 가게 Everything Store'라는 별명처럼 아마존은 전 세계에 구매 가능한 모든 것을 파는 가게가 되는 비전을 가지고 있는데, 2018년 기준 6억 가지의 제품이 판매되고 있다. 책이나 전자제품은 물론이고 다이아 몬드 반지에서부터 아이스크림, 살아 있는 개미에 이르기까지 법적으로 문제가 되지 않는 모든 제품을 살 수 있다. 아마존이라는 한 웹사이트에서 이렇듯 모든 제품을 손쉽게 구매할 수 있다는 점은 고객들에게 더욱 편리한 온라인 쇼핑 경험Customer Experience을 제공하게 된다고 믿는다. 그래서 아마존은 꾸준히 모든 영역의 제품군을 늘리는 데 노력하고 있다.

플라이휠에서 이 제품 종류Selection 항목은 아마존이 온라인 서점에 머물지 않고 오늘날의 만물상Everything Store으로 성장할 수 있도록 방향을 잡아준 하나의 이정표다. 1990년대 후반부터 책을 넘어 CD와 DVD, 전자제품, 장난감, 아이용품, 보석류, 신발·의류, 주방용품, 운동용품으로 꾸준히 제품군을 늘린 아마존은 2000년대 중반부터는 디지털 상품에 누구보다 앞서 투자하여 2007년에는 MP3 음원 스토어, 2010년에는 이북e-book 스토어, 2011년에는 안드로이드 앱 스토어 및 아마존 VOD 서비스 등을 차례로 론칭했다. 현재는 아마존 자체적으로 스튜디오를 운영하며 아마존 오리지널 시리즈Amazon Original Series라 불리는 드라마까지 지속적으로 생산하고 있다.

고객 경험의 증진

한곳에서 다양한 종류의 물건을 살 수 있다는 것은 소비자에게 좋은 구매 경험을 안겨준다. 다른 제품을 사기 위해 따로 계정을 만들거나 신용카드 정보를 입력할 필요도 없고 익숙하지 않은 사이트에서 헤맬 필요도 없기 때문이다. 제품 종류의 증가가 고객 경험의 증진을 가져오는 연결 고리다.

앞서 말한 대로 플라이휠에서는 하나의 항목이라도 성장하면 선순환 고리가 작동하여 전체적인 성장을 가져온다. 따라서 세상에서 가장 고객 중심인 기업을 표방하는 아마존은 가장 편리하고 신뢰할 수 있는 온라인 쇼핑 경험을 주기 위해 최선을 다한다. 예를 들면 단 한 번의 클릭으로 구매가 완료되는 원클릭부터 30분 내의 배송 완료를 목표로 개발 중인 드론 배송까지 셀 수 없이 많은 방식으로 고객의 경험을 개선하고 있다.

방문자 증가

이렇듯 아마존의 구매 경험이 편리하고 믿을 만할수록 자연스럽게 더욱더 많은 방문자들이 더 자주 아마존을 찾아오게 되어 고객 경험의 증진이 방문자의 증가로 연결되는 두 번째 연결고리가 이어진다. 아마존이 고객 방문을 높이기 위해 하는 일은 많이 있다. 우선 기본적으로 아마존은 빠르고 안정적인 사이트가 되기 위해 끊임없이 노력한다. 사이트가 다운되거나 느려서 방문자가 줄지 않도록 어떤 문제가 생겨도 빠르게 이전 상태로 복구할 수 있는 구조적 인프라를 구축하는 데 굉장한 투자를 하고 있다.

이와 더불어 단골들이 지속적으로 찾아오도록 아마존 프라임이라 불리는 유료회원 프로그램을 2005년부터 시행하고 있다. 얼마 전 자그마치 1억 명을 돌파한 이들 회원에게 이틀 무료 배송, 무료 이북, 무료 VOD 등 다양한 혜택을 주어 꾸준히 아마존을 방문하도록 유도하고 있는데, 프라임 멤버가 된 고객은 평균적으로 멤버십 이전에 비해 2.5배 이상 구매가 증가하는 것으로 알려져 있다(이에 힘입어 아마존은 〈포브스Forbes〉 선정 고객 충성도가 높은 브랜드에서 매년 1~2위를 다투고 있다).

이 외에도 고객이 아마존에서 보았던 제품을 구글이나 페이스북 광고를 통해 지속적으로 보여주어 방문과 판매를 늘리기도 하며, 단순한 제품 판매가 아닌 VOD 콘텐츠 스트리밍 서비스 및 클라우드 드라이브라고 부르는 웹하드 서비스를 제공하여 방문자 증가를 돕고 있다.

판매자 증가

당연한 이야기지만 상점은 목이 좋아야 한다. 이동량이 많은 사거리나 역 근처의 상권이 발달하는 이유다. 마찬가지로 온라인에서도 방문자가 많은 사이트에는 더욱 많은 판매자가 몰린다. 방문자 증가가 판매자 증가를 가져오는 세 번째 고리가 연결되는 지점이다. 아마존에는 흔히 두 종류의 고객이 있다고 한다. 물건을 사러오는 소비자가 첫 번째 고객이고, 아마존에서 물건을 파는 판매자가 두 번째 고객이다.

플라이휠에서 알 수 있듯이 많은 소비자는 판매자를 증가시키고 늘어난 판매자들은 더욱 많은 소비자를 불러오는 선순환 구조로 연결되어 있다. 따라서 아마존은 소비자를 위한 회사인 동시에 판매자를 위한 회사이기를 희망하며 노력한다. 나 또한 오랫동안 아마존 판매 사업을 하고 있는 터라 소비자에게는 잘 드러나지 않는, 판매자 증가를 위한 아마존의 노력을 잘 알고 있다. 아마존이 배송과 고객 서비스를 대행해주는 아마존 FBAFulfillment by Amazon 서비스나 손쉽게 제품 광고를 할 수 있는 마케팅 플랫폼 등이 대표적이다.

이렇듯 많은 판매자가 아마존에 몰릴수록 제품 종류가 증가하여 플라이휠의 첫 번째 선순환 구조가 온전히 연결되게 된다. 그리고 이 선순환은 각 항목에 박차를 가할수록 가속도를 얻어 더욱 빠르게 돌아가는 토네이도처럼 지칠 줄 모르고 오늘도 아마존의 수확 체증을 이루어가고 있다.

성장할수록 강해지는 두 번째 고리

플라이휠의 두 번째 선순환 고리는 성장Growth에서 출발해 낮은 비용 구조Lower Cost Structure, 낮은 가격Lower Prices, 그리고 고객 경험Customer Experience을 거쳐 결국 다시 성장으로 연결되는 구조다. 이 두 번째 고리는 '수익 혐오증'으로까지 불리기도 하는 아마존의 낮은 수익률과 끊임없는 아마존의 성장 배경을 설명해준다. 대부분 기업들이 이윤이 창출되면 그 이익을 배당 형태로 오너를 비롯한 주주들에게 나누어 주거나 확실한 차기 사업이 결정될 때까지 사내 유보금으로 보관하는 반면, 아마존은 회사가 성장하면서 발생하는 이익을 더 낮은 비용 구조를 구축하기 위해 재투자한다.

낮은 비용 구조를 구축하는 일은 개선을 넘어 전에 없이 혁신적이고 모험적이며 엄청난 초기 비용이 들어가야 하는 장기적 프로젝트가 대부분이다. 예를 들어 책을 전자책 형태로 공급하기 위해 킨들을 직접 제작하기도 하고, 키바Kiva라는 로봇 회사를 인수하여 물류센터 자동화 프로젝트를 진행하기도 하며, 빠르고 저렴한 배송을 위해 드론 배송에 일찌감치 투자하기도 한다(얼마 전 아마존의 최신 물류센터를 방문한 동료는 이미 아마존이 3세대 키바 시스템을 연구 개발 중이라고 귀띔해주었다). 그리고 이러한 프로젝트가 마침내 성공하면 기존의 비용이 대폭 줄어든다.

이렇게 비용이 줄어들면서 자연적으로 증가한 이윤은 아마존의 주머니로 들어가지 않고 두 번째 고리에 따라 제품 가격을 낮추는 데 사용된다. 대외적으로는 고객을 위한다는 좋은 명분을 유지하며, 실리적으로는 다른 경쟁사가 따라올 수 없는 낮은 가격으로 독보적인 위치를 유지하는 것이다. 세금과 배송비까지 고려하면 가격이 가장 낮기로 유명한 월마트의 가격보다도 아마존의 가격은

10퍼센트 이상 의미 있는 수준으로 저렴하다. 또한 자연스럽게 이러한 낮은 가격은 소비자에게 더 좋은 구매 경험을 제공하여 플라이휠의 두 번째 선순환 고리를 이어나가게 된다.

셀 수도 없이 다양하고 복잡한 신규 프로젝트가 매일같이 착수되고 있는 아마존이지만 그 모든 것이 하나의 잘 지휘된 교향곡처럼 연주되는 것은 어쩌면 휴지 한 장에 시각화된 단순한 그림 하나 때문일지도 모른다.

아이가 체스 챔피언을
이기는 방법

배포하고 되돌려라 Deploy and Roll-back

체스를 배운 지 한 달밖에 되지 않은 일곱 살 아이가 체스 챔피언을 상대로 백전백승할 수 있는 방법이 있다면 믿겠는가? 챔피언에게 아주 간단한 핸디캡을 하나만 주면 되는데, 바로 챔피언이 한 수를 둘 때 아이가 두 수를 두게 하는 것이다. 이렇게 어이없어 보이는 솔루션에 아마존의 또 다른 필승 전략이 있다. 우리가 살고 있는 세상은 체스 게임처럼 사이좋게 상대의 차례를 기다려주지 않고 많은 일들이 실시간으로 동시에 일어나기 때문이다.

경쟁 관계에 있는 각기 다른 전략을 가진 두 회사가 있다고 하자. 한 회사는 심사숙고 후에 가장 좋은 결정을 하기 위한 전략을 택했고 다른 회사는 일단 가장 빠르게 결정하고 이후에 수정하는 전략을 택했다면 어느 회사가 승리할까? 자동차나 전자제품과 같은 전통적인 산업에서는 첫 번째 회사가 주로 승리할 것이다. 이들은 약속이나 한 듯 주로 1년에 한 번씩 신제품을 출시한다. 제품을 한 번 생산하는 것도 오래 걸릴뿐더러 그것을 나중에 변경하는 것은 처음 못지않은 시간과 노력이 들기 때문이다. 또한 제품에 큰 하자가 있다면 많은 고객들에게 외면을 당해 다음 기회가 사라질지도 모르는 일이다.

하지만 인터넷과 소프트웨어 시대에 들어오면서 이런 공식이 무너졌다. 점진적 업데이트가 가능하고 생산 속도가 빠른 소프트웨어의 경우 만약 잘못된 프로그램을 배포했다 해도 빠르게 이전 상태로 되돌리는 것이 가능하기 때문이다. 새로운 버전의 프로그램으로 업데이트하는 것을 '배포deploy'라 하고, 프로그램을 이전 버전으로 되돌리는 것을 '롤백roll-back'이라고 부른다. 만약 이 배포와 롤백에 걸리는 노력과 시간이 제로에 가깝다면 어떻게 될까?

예를 들어 아마존이 구매 버튼의 색상을 바꾸는 것을 고려하고 있다고 하자. 아마존은 배포에 앞서 변화에 따라 일어날 수 있는 모든 경우의 수들을 하나하나 신중히 따져보지 않는다. 그 대신 어느 정도 좋은 결정이라고 판단되면 발 빠르게 새 디자인을 적용한다. 이후 매출이 감소하거나 다른 부작용이 발견되면 즉시 이전 색상으로 되돌리면 그만이기 때문이다. 또한 웹랩Web Lab이라는 사내 도구를 사용하여 일정 비율의 방문자 그룹에게만 새로운 버전의 버튼을 보여주어 결과를 손쉽게 비교할 수 있다. 이런 과정을 A/B 테스팅이라고 부르는데, 절반의 고객들에게는 파란색 버튼을, 나머지 고객들에게는 빨간색 버튼을 보여주어 어느 쪽이 더 높은 클릭을 유도하는지를 바로 확인하는 것이다.

이처럼 배포와 롤백에 걸리는 노력과 시간이 줄수록 이에 따른 리스크도 줄어들어 같은 시간에 남들보다 많은 수를 둘 수 있다. 체스에서는 말도 안 되는 이야기지만 소프트웨어 기업 간의 경쟁에서는 장고 끝의 묘수보다 빠르게 '배포하고 되돌리는deploy and roll-back' 속기 전략이 승리할 수밖에 없게 된 것이다. 말콤 글래드웰Malcolm Gladwell이 《다윗과 골리앗David and Goliath》에서 이야기한 것처럼 작지만 기민한 IT 스타트업들이 기존의 공룡 기업들을 짧은 시간에 넘어서는 이유이기도 하다. 덩치가 클수록 변화 속도가 느려진 기존 기업들이 새로운 신흥 강자들에게 자리를 빼앗기고 있지만 아마존은 오히려 다른 회사와의 격차를 계속해서 벌리고 있다. 이미 누구보다 앞서 필승 전략을 알아채고 그에 따라 수십 년을 내다본 소프트웨어 개발 환경을 구축했기 때문이다.

1분마다 업데이트되는 거인 로봇

대학 시절 컴퓨터공학을 전공한 덕에 프로그래밍 수업을 처음 듣는 후배를 종종 도와주곤 했다. 들이는 시간에 비례해 조금이라도 진전되는 일반 과제와 달리 프로그래밍은 에러가 나면 한 발짝도 나아가지 못하는 상황이 발생해서 애를 먹는 이들이 많았다. 프로그래밍은 모든 부품이 정교하게 맞물려 돌아가는 기계와 같아서 컴퓨터가 알아들을 수 있는 언어로 토씨 하나 틀리지 않고 논리적으로 작성되어야 하기 때문이다. 프로그래밍을 한 번이라도 해본 사람은 정작 쓰는 시간은 5분도 안 걸리는 코드가 제대로 작동되지 않아 몇 시간 동안 붙잡고 씨름해본 기억이 있을 것이다.

이미 돌아가고 있는 거대한 프로그램을 수정할 경우에는 문제가 더 커진다. 한 줄의 코드가 기존 프로그램을 망가뜨리기도 하고 예기치 않은 곳에서 문제가 발견되기 일쑤다. 문제의 원인을 찾아 고치기 위해 여러 날이 걸리기도 한다. 따라서 프로그램이 커지고 사용자가 많을수록 업데이트는 어려워진다. 그렇지만 아마존은 하루에도 수천 번씩 업데이트되고 있으며 다운되는 경우는 거의 없다. 어떻게 가능할까?

비결은 서비스 지향 아키텍처Service-oriented architecture와 아폴로Apollo라 불리는 아마존의 소프트웨어 배포 프로그램이다. 쉽게 말해 빠르고 안정적이며 반복적인 업데이트가 가능한 시스템을 가졌다는 말이다. 실제로 아마존의 소프트웨어 개발 환경은 구글이나 마이크로소프트 같은 순수 소프트웨어 기업들의 시스템보다도 큰 폭으로 앞선 것으로 평가된다. 장기적 관점에서 인프라에 투자하여 생산성을 비약적으로 향상시켰다는 점에서 포드 자동차의 컨베이어 벨트 시스템을 연상시킨다. 다만 같은 상품을 반복 생산하는 자동차 공장과 하나의 소프트웨어가 지속적으로 업데이트되는 시스템은 차이가 있어 또 다른 비유가 필요하다.

엄청나게 큰 거인 로봇을 수천 명이 함께 만들어가는 상상을 해보자. 수많은 부품과 전기회로가 어지럽게 얽히고설켜 있어서 전선 하나를 만지는 것도 조심스럽다. 워낙 크고 복잡해서 로봇 전체가 어떻게 작동되는지 아는 사람도 없다. 이 로봇은 수십 년에 걸쳐 다양한 기능이 추가되었고 예전에 로봇을 만들었던 사람들은 대부분 떠나고 없다. 그렇지만 이 로봇은 항시 안정적으로 움직여야 하며 지속적으로 업데이트되어야 한다. 하지만 작은 업데이트에도 로봇 전체가 마비될 수 있기 때문에 무척 조심스럽다. 이렇다 보니 로봇에 새로운 기능을 추가하는 것은 매번 곤욕이다. 기능이 추가될수록 점점 더 복잡해져서 업데이트에는 더욱 오랜 시간이 걸리고 고장이 잦아진다. 고장의 원인을 찾는 것도 어렵고 그것을 고치는 일은 더욱 어려워진다. 더군다나 책임 소재가 불분명하다 보니 문제를 누가 해결해야 하는지 파악하는 것조차 쉽지 않다.

실제 초창기 아마존 사이트는 이렇게 복잡하고 덩치가 하루하루

커져가는 하나의 프로그램이었다. 개발자들은 새 기능을 개발하는 일보다 업데이트를 배포하는 일과 버그를 고치는 일에 더 많은 시간을 써야 했다. 이런 문제를 해결하기 위해 2000년대 초반부터 아마존은 기존의 거대한 프로그램을 해체하고 재조립하는 대대적인 작업을 시작했다. 시간을 아마존의 것으로 만드는 작업을 말이다.

로봇의 예를 통해 아마존이 감행한 과정을 따라가 보자. 우선 로봇의 각 부분별로 팀을 나눈다. 각 팀은 피자 두 판으로 식사를 해결할 수 있는 인원인 7~8명 정도가 적당하다. 실제로 아마존에서는 이를 투피자팀Two Pizza Team이라고 부른다. 어떤 팀은 로봇의 눈을 담당하고, 또 다른 팀은 로봇의 다리를 담당한다. 그리고 복잡한 한 덩어리의 로봇을 각 팀에 따라 분리하고 재조립하는 길고도 어려운 과정을 거친다. 이때 하나의 원칙은 분리한 각 부분이 작동 가능한 독립적인 객체가 되어야 한다는 것이다. 예를 들어 로봇의 눈은 로봇과 분리되어서도 볼 수 있어야 하고, 다리도 혼자서 따로 움직여야 한다.

그리고 각 팀은 담당 객체에 대한 온전한 오너십을 갖는다. 이렇게 각 객체와 책임이 분산되자 여러 가지 좋은 변화가 생겼다. 무엇보다 각 팀들은 생산성 높은 작업에 집중할 수 있게 되었다. 객체에서 발생한 문제는 로봇에서 발생한 문제보다 훨씬 찾아 고치기가 수월했다. 하나의 문제가 다른 곳에 영향을 주는 경우도 최소화되었다. 게다가 모든 사람들이 로봇 하나에 달라붙어 일하지 않고 객체별로 일하다 보니 개발 작업이 병렬로 이루어져 업데이트 속도가 전과는 비교도 할 수 없을 만큼 빨라졌다. 눈을 담당한 팀이 더 멀리 보는 눈을 만드는 동시에 다리를 담당한 팀이 더 빠른 다리를 만드는 것이 가능해진 것이다. 또한 레고 블록을 연결하듯 필요한 객체들을 붙였다 떼었다 할 수 있어서 새로운 형태의 로봇 또한 쉽게 만들 수 있게 되었다. 이와 같이 소프트웨어를 하나의 큰 덩어리 대신 객체화시킨 방법론이 서비스 지향 아키텍처다.

하지만 각 객체가 따로 작동이 잘 된다고 해서 모든 문제가 해결된 것은 아니다. 로봇의 다른 객체들과 문제없이 연동되는지 확인해야 하기 때문이다. 이런 연동 테스트를 하려면 온전한 한 대의 로봇이 필요한데 팀이 많아서 로봇 하나를 나누어 쓰는 것은 힘들다. 하지만 로봇을 필요한 만큼 복제해주는 마법의 기계가 있다면 어떨까? 각 팀마다 복제 로봇이 있다면 쉽게 연동 테스트를 할 수 있을 것이다. 또한 이 기계는 서로 연관성과 의존성이 있는 객체들을 정확히 알고 있어서 관련하여 생길 수 있는 문제도 방지해준다. 로봇의 눈에 비디오 촬영 기능을 추가해야 한다고 하자. 눈 담당 팀은 해당 기능을 추가하여 복제 로봇에 설치해 테스트한다. 테스트가 성공할 때까지 수정 작업을 반복하고 나면 마법의 기계는 실제 로봇의 눈을 새것으로 교체해준다. 그리고 만약 후에 문제가 발생하면 이전의 눈으로 다시 빠르게 바꾼다.

아폴로는 아마존 사내에서 서비스 지향 아키텍처에 필요한 일들을 관장하는 소프트웨어 배포 프로그램이다. 앞의 로봇의 예에서 나온 마법 같은 기계다. 아마존 개발자들은 아폴로를 통해 손쉽게 자신의 컴퓨터에 아마존 웹사이트를 설치할 수 있다. 오늘도 아마존 회사 내에는 수천수만의 복제된 아마존 웹사이트가 각 개발자들의 컴퓨터에서 따로 돌아가고 있다. 개발자들은 새로운 코드를 쓸 때마다 복제된 아마존 웹사이트에 테스트한 뒤 아폴로를 통해 업데이트를 배포한다. 배포 시에 아폴로는 서로 의존성을 가진 프로그램들이 문제가 생기는 것을 미연에 방지해주며 배포 후에 자동으로 필요한 테스트를 실행한다. 또 문제가 발견되면 순식간에 이전 버전으로 롤백하여 고객들에게 문제가 노출되는 시간을 최소화한다. 이 모든 작업들은 몇 번의 버튼 클릭으로 가능하다.

아마존으로 이직해온 개발자들은 하나같이 서비스 지향 아키텍처와 아폴로로 대변되는 아마존의 소프트웨어 개발 환경을 입이 닳도록 칭찬했다. 다른 회사와 비교해서 아마존의 장점을 물을 때마다 듣는 답변이기도 하다. 이런 환경은 개발자들이 생산과 직결된 업무에 집중할 수 있도록 하여 생산성을 높이고 결과적으로 아마존의 성장을 가져온다. 아마존은 이 같은 작업에 높은 우선순위를 두고 담당 팀을 두어 오랜 시간 개발 환경을 지속적으로 개선해왔다. 그리고 마침내는 축적된 노하우를 바탕으로 아마존 외에 누구라도 활용할 수 있도록 관련 서비스들을 아마존 웹서비스를 통해 제공하고 있다.

다른 회사들이 발로 열심히 뛰고 있을 때 아마존은 멈춰 있거나 돌아가는 것처럼 보였다. 그런데 알고 보니 설계도를 그리고 부품을 모아 자동차를 만들고 있었던 것이다. 처음엔 앞서 나가던 회사들이 프로그램의 덩치가 커질수록 숨이 차 허덕일 즈음 아마존은 자동차를 타고 나타나 이들을 저만치 앞서 나가기 시작했다. 그리고 이제는 아마존 웹서비스라는 이름으로 그 자동차를 다른 회사들에도 팔고 있다.

백 배 넓은 땅에서
이틀 만에 배송하는 비결

아마존이 쌓아올린 만리장성

시애틀에서 샌프란시스코까지 장장 16시간 동안 차를 타고 간 적이 있다. 오후에 출발해서 다음 날 아침까지 거의 쉬지 않고 달리며 차 안에서 지는 석양을 보고 또다시 뜨는 해를 맞이했다. 밤에는 미처 보지 못했던, 앞 유리창에 붙은 곤충들의 시체가 길었던 밤의 여정을 말해주는 듯했다. 북미 대륙의 광활함을 새삼 느낀 경험이었다.

미국 면적은 남한의 100배다. 시애틀에서 샌프란시스코까지는 그래도 하루이틀이면 내려가지만 동서를 횡단하려면 만리장성보다 긴 4000킬로미터를 4~5일 동안 달려야 한다. 이렇다 보니 반나절이면 전국 어디든 배송이 가능한 한국에 비해 물리적인 제약이 많다. 더군다나 육로로는 배송이 불가능한 알래스카와 하와이까지 물건을 보내야 한다. 이렇듯 빠른 배송의 어려움은 면적의 크기에 비례해 커진다. 하지만 아마존은 소비자 관점에서 온라인 구매의 한계라고 여겨지는 배송 시간 단축과 관련한 고민을 멈추지 않는다. 그리고 그 고민의 시간과 깊이만큼 누구도 따라올 수 없는 혁신을 이뤄내고 있다.

미국에서 신속한 배송을 위해 무엇보다 필요한 것은 물건을 효율적으로 보관·배송할 수 있는 다수의 물류센터다. 땅이 워낙 크다 보니 미리 상품들을 여러 곳에 나누어놓고 주문이 들어오면 가장 가까운 곳에서 배송하도록 하기 위함이다. 이커머스 시장에서 제아무리 기발한 아이디어와 막대한 자원으로 새로운 회사가 아마존을 추격한다 해도 아마존의 위상이 쉽사리 흔들리지 않을 이유 중에 가장 손꼽히는 것이 바로 아마존이 구축해놓은 어마어마한 물류센터 인프라다. 아마존은 2018년 5월 기준 700개가 넘는 현대화된 거대 물류창고를 보유하고 있으며, 이들의 총면적은 강남구의 절반 정도가 되는 막대한 크기다. 물류센터 하나를 짓는 데 평균적으로 1억 달러가 소요되며 유지를 위해 850명가량의 직원이 필요하기 때문에 후발 주자가 쫓아오기 힘든 거대한 장벽이 되고 있다.

풀필먼트 센터로 이름을 바꾼 이유

아마존의 물류센터는 풀필먼트 센터Fulfillment Center, 줄여서 주로 FC라고 부른다. 처음에는 물류센터Distribution Center로 불렸지만 아마존의 2인자로 불리는 제프 윌크Jeff Wilke가 1999년 이사로 부임하면서 풀필먼트 센터로 명칭을 변경했다. 많이 들었는데도 의미가 애매하고 잘 사용하기 힘든 영어 단어들이 종종 있다. 내 경우에는 풀필먼트가 그랬다. 풀필먼트의 기본 의미는 이행 또는 완수지만 여기서는 구체적으로 '만족스러운 고객의 주문 처리'를 뜻한다. 시간이 지나면서 제프 윌크가 왜 명칭을 바꿨는지 점차 이해하게 되었다. 이커머스 시대에는 기존에 대량으로 물류가 들어오고 나가는 단순한 물류센터가 아니라 각 고객의 주문을 빠르고 정확하게 처리하고 배송하는 풀필먼트 센터가 필요했던 것이다. 풀필먼트는 제품의 보관과 관리는 물론 레이블링, 포장, 피킹, 배송 등 고객의 주문을 만족시키는 전체 프로세스를 포함한다.

그렇다면 아마존에서 주문은 어떤 식으로 처리될까? 센터 직원

700개가 넘는 아마존의 거대하고 현대화된 풀필먼트 센터는 경쟁 업체들에게는 가장 크고 높은 진입장벽이다.

들은 크게 물건을 찾는 '피커picker'와 배송 박스에 제품을 담는 '패커packer'로 구분된다. 피커들은 팔목에 '픽모드pick mod'라는 휴대용 스캐너를 차고 작업한다. 누군가가 주문을 할 때마다 아마존은 몇 초 안에 제품을 배송할 센터는 물론이고 현재 센터 내에서 주문된 제품과 가장 가까이에 있는 피커를 계산하여 해당 픽모드에 주문 사실과 제품의 위치를 알린다. 그뿐 아니라 피커와 제품 사이의 거리에 따른 목표 소요 시간이 함께 보이는데, 이 시간을 맞추었는지 맞추지 못했는지 자동으로 기록이 남기 때문에 피커들은 꾀부릴 틈이 없이 제품을 찾아다녀야 한다. 피커가 제품을 찾아 스캔한 뒤 통에 담아 컨베이어 벨트에 올리면 패커들이 배송을 준비하는 곳으로 이동된다. 그러면 모든 물건을 크리스마스 선물과 같이 다루라는 구호 아래 패커는 아마존이 자동으로 골라준 사이즈의 상자에 제품을 담아 소비자에게 배송한다. 크고 작은 다양한 상자들에는 예외 없이 아마존의 스마일 로고가 그려져 있다.

아마존 풀필먼트 센터는 단순히 면적만 큰 것이 아니라 굉장히 똑똑하게 운영된다. 굴지의 소프트웨어 기업답게 물류센터 부지 선정에서부터 공급망 관리, 재고 분산, 주문 배송, 반품 처리에 이르기까지의 가능한 모든 부분에 데이터와 최신 기술을 적극 활용하여 효율적이고 자동화된 풀필먼트 센터로 끊임없이 진화하고 있다. 이러한 노력은 지금 이 순간에도 초당 500개가 넘는 주문과 배송을 소화할 수 있는 인프라를 가능하게 했다.

10년 전쯤에 내가 일하던 아마존 건물 벽에는 큰 모니터가 하나 달려 있었는데, 거기에는 한 인턴이 여름 동안 만든 프로그램이 돌아가고 있었다. 천천히 돌아가는 지구에 하늘에서 아마존 상자가 눈처럼 내려오는 프로그램이었다. 실제 아마존 주문 데이터를 활용해서 고객 주소로 상자가 떨어지는 것을 시각적으로 구현한 재미있는 프로젝트였다. 지금도 그 프로그램이 아마존 사내 어디선가 돌아가고 있다면 아마도 눈보라가 치듯 상자가 떨어지고 있을 것이다.

열악한 근무환경 그리고 키바

수많은 주문을 철저하고 효율적으로 처리하다 보니 직원 한 명이 하루에 25킬로미터를 걷기도 할 만큼 가혹한 노동환경을 지적받기도 한다. 2018년 4월 베조스 회장은 '비즈니스 혁신과 사회 책임' 부문의 수상자로 선정되어 베를린을 방문했다. 당시 700명가량의 유럽 아마존 근로자들이 몰렸는데, 대부분 풀필먼트에서 일하는 노동자들로 수상을 축하하기 위한 것이 아니라 처우 개선을 요청하기 위함이었다. 하지만 이날 시상식에서 회장은 "저는 아마존의 근무환경과 임금수준에 대해 매우 자랑스럽게 생각합니다. 회사와 근로자를 중재할 노조가 필요하다고도 생각하지 않습니다"라

아마존 키바

고 대답하여 서로 간의 의견 차이만을 확인하고 말았다.

사실 지금까지 적지 않은 위장 취업자들에 의해 풀필먼트 센터 노동자들의 열악한 환경이 폭로되어왔다. 워낙 크다 보니 화장실을 갔다 올 시간도 없어서 빈 페트병에 볼일을 보는 직원도 많고 15분가량의 점심시간 외에는 쉬는 시간도 거의 없다고 한다. 또한 여름철이면 지역에 따라 내부 온도가 38도 가까이 오르지만 면적이 너무 커서 제대로 된 냉방을 기대하는 것도 무리다. 게다가 근태 관리를 위해 포인트 시스템을 이용하는데 기준 이상의 벌점을 받으면 자동 해고가 되는 터라 쉬지 않고 일해야 한다.

이런 열악한 노동환경과 그에 따른 불만에 대해 아마존이 내놓은 해결 방안은 역설적이게도 최대한 로봇을 활용하는 것이다. 이미 2012년에 7억 7500만 달러라는 막대한 비용을 주고 로봇 회사 키바Kiva를 인수한 뒤 꾸준히 실용화에 힘쓰고 있다. 키바는 납작하게 생긴 바퀴 달린 로봇으로, 상품을 가득 실은 300킬로그램이 넘는 선반을 통째로 들어서 이동할 수 있다. 제어센터의 지령에 따라 최적 경로로 이동하여 필요한 제품을 가져오는데, 도이치뱅크의 분석에 따르면 키바를 도입한 물류센터에서는 기존에 60~75분이 던 물류 순환 속도가 약 15분으로 빨라졌고, 선반 아래로 기어 다닐 수 있기 때문에 공간을 효율적으로 사용하게 되어 재고를 둘 수 있는 공간이 50퍼센트 정도 증가한 것으로 나타났다. 2017년 기준으로 약 30곳의 물류센터에서 키바 시스템을 운용하고 있는데 도입 2년 만에 약 20퍼센트의 물류센터 운영비를 절감했다고 평가받고 있으며, 100개의 물류센터에 도입될 경우 추가로 8억 달러의 비용이 절감될 것으로 예측된다. 2015년 아마존 본사의 업무 환경을 신랄하게 비판했던 〈뉴욕타임스〉조차 2017년 말에는 아마존의 풀필먼트 센터와 관련해 우호적인 기사를 내기도 했다(https://www.nytimes.com/2017/09/10/technology/amazon-robots-workers.html). 기사에 따르면 아마존은 로봇 활용을 늘리는 동시에 기존 근로자들에게는 새로운 역할과 기회를 주고 있다고 밝혔다. 사실 로봇이 활용되면 기존 근로자들이 일자리를 잃을 것이라고 생각했지만 오히려 힘들고 단순한 일은 로봇이, 그리고 그 로봇들을 관리하는 일은 사람이 하는 형태로 진화하고 있다.

아마존 풀필먼트 센터는 이처럼 나날이 새로운 기술을 도입하며 미래 시대를 앞장서고 있다. 혁신적인 풀필먼트 센터가 구축되면서 아마존은 미국에서 그 누구도 하지 못했던 2일 배송을 일찌감치 시작했고, 풀필먼트 센터를 통해 누구나 창고 없이 물건을 팔 수 있는 FBAFulfillment by Amazon(아마존 직배송) 서비스를 시작하여 나를 포함한 많은 셀러들에게 사업 기회까지 제공해주었다. 막대한 자본과 오랜 시간, 그리고 혁신을 통해 아마존은 물류 인프라에서 경쟁자들이 넘을 수 없는 긴 성을 쌓았다. 그리고 그 거리만큼 고객 만족에 누구보다 가까이 다가가 있다.

5

—

본질을 보는 눈과 매몰거리지 않는 발

—

혁신에는
마지막 금덩이가 없다

AMAZON. BOMB

아이러니하게도 내가 베조스 회장의 2003년 TED 강연을 유튜브로 보게 된 것은 강연 날짜로부터 13년이 지난 퇴사 이후의 일이었다. 뒤늦게 보게 된 이 짧은 강연은 마치 내가 12년 동안 경험한 아마존 성공의 씨앗을 간직한 타임캡슐과도 같았다. 정말 그랬다. 한 사람의 선견지명과 믿음, 객관적 판단력, 용기야말로 자칫 우연으로 치부될 뻔했던 아마존의 거대한 성공 스토리의 시발점이었음을 알게 된 순간 갑자기 그가 불가리아의 예언자 바바 반가_{Baba Vanga}보다 더 대단하게 생각되었다.

1999년은 아마존과 베조스 회장에게 롤러코스터와 같은 해였음이 분명하다. 주간지 〈배런스_{Barron's}〉의 그해 5월 31일 자 커버스토리에 'Amazon Dot Bomb'이라는 자극적인 문구가 베조스 회장의 얼굴이 합성된 시한폭탄과 함께 실렸다. 〈배런스〉는 갖가지 이유와 수치를 들어 아마존이 가진 문제점들을 꼬집었고 아마존의 미래를 비관적으로 전망했다. 이 기사에서 아마존은 그저 하나의 중간 판매상으로 취급되었고, 결국에는 생산자들이 직접 자신의 제품을 온라인으로 팔게 되면서 아마존이 몰락할 것이라고 분석했다. 더군다나 당시는 닷컴 버블이 한창 꺼지면서 수많은 인터넷 기업들이 실패로 끝나던 시기라 이 주장은 더욱 설득력 있게 들렸다.

하지만 베조스 회장은 이를 비웃기라도 하듯 잿더미 속에서 아마존을 한층 성장시키며 같은 해 12월 〈타임_{Time}〉 올해의 인물로 선정되었다. 이후 2003년 〈배런스〉의 엇나간 분석이 무색해질 즈음 그는 '다가오는 인터넷 혁명_{Next Web Innovation}'을 주제로 한 TED 강연에서 많은 분석가들이 생각한 인터넷 혁명과 자신이 믿는 인터넷 혁명의 차이를 들려주었다. 여러분도 유튜브에서 이 짧은 15분가량의 동영상을 찾아보기 바란다. 십수 년 전 인터넷 산업을 바라보는 작은 시각의 차이가 어떻게 오늘날 아마존이라는 거대한 공룡을 탄생시켰는지 알게 될 것이다.

강연을 요약하면 이렇다. 닷컴 버블이 바닥을 모르고 꺼져가자 많은 사람들은 인터넷 혁명을 골드러시에 비유하기 시작했다. 인터넷 산업의 거품 형성과 붕괴가 19세기 골드러시와 많은 유사점을 가졌다는 것이다. 1849년 캘리포니아 금광에서 사람들이 당시 7억 달러 이상을 벌게 되었을 때 이 소식은 날개와 거품을 동반하여 삽시간에 미국 전역으로 퍼졌다. 초반에는 반신반의하던 사람들과 평정심을 유지하던 수많은 이들이 1850년, 1852년에도 들려오는 반복되는 소식에 조바심과 부푼 꿈을 안고 골드러시에 합류했다. 의사, 변호사, 군인 할 것 없이 자신의 생업을 뒤로하고 금을 캐기 위해 서부행 기차와 배에 올랐고, 이러한 광풍은 마지막으로 발견된 금덩이와 함께 한순간에 사그라지고 말았다. 사람들이 놀라운 속도로 금을 캐낸 나머지 결국에는 누구의 몫도 남지 않게 된 것이다. 물론 그 후의 결과는 처참했다.

20세기 말 인터넷 기업들이 우후죽순처럼 생기고 TV나 신문 할 것 없이 인터넷에 대한 과대광고로 가득 찼다. 골드러시 때와 비슷한 광풍이 불기 시작했고, 미국 전역은 이번엔 금 대신 인터넷이라는 요물이 자신들을 벼락부자로 만들어줄 것 같은 흥분에 휩싸였다. 그리고 몇 년이 채 가지 않아 거품은 가라앉기 시작했고 수없이 많은 닷컴 기업들이 도산했다. 주식시장에는 처참한 결과가 반복되었고, 언론들은 골드러시 때와 같이 인터넷 산업이 붕괴하고 있다고 분석했다. 그런 기조 속에서 〈배런스〉가 당시 가장 주목받던 회사 중 하나인 아마존닷컴의 비극적 결말의 커버스토리를 게재했던 것이다.

강연 속의 베조스 회장은 "혁신에는 마지막 금덩이가 없다"라는 유명한 말을 남기며 골드러시의 비유가 잘못된 것임을 꼬집는다. 그 대신 19세기에 인류가 전기를 발명하고 사용하기 시작한 이래 전기가 우리 삶에 가져다준 혁명에 인터넷을 비유했다. 처음 전기가 발명된 것은 우리가 현재 쓰고 있는 다양한 가전제품을 사용하기 위함이 아니었다. 단지 어두운 집에 불빛을 공급하기 위한 전구를 위해서 전기를 설치했던 것이다. 그 후 인류가 전기의 범용성에 눈을 뜨기까지는 오랜 세월이 걸렸다.

베조스 회장은 100여 년 전 출시된 최초의 진공청소기, 최초의 세탁기, 최초의 토스트기 사진들을 보여주었다. 1905년 후버사에서 만든 40킬로그램이 넘는 진공청소기는 자동차의 4분의 1 가격에 두 사람이 있어야 겨우 작동시킬 수 있는 괴물이었고, 비슷한 시기에 나온 전기세탁기는 방 하나에 가득 차는 크기에 전깃줄이 많이 달린 거대 욕조와도 같았다. 그는 2003년의 인터넷 애플리케이션은 100년 전 난잡하기 이를 데 없는 가전제품 수준이라고 진단했다. 다시 말해 인류가 인터넷 시대의 쇠퇴기가 아닌 가장 원시적인 시점에 있다고 주장한 것이다. 그의 강연은 1917년 시어스 Sear's 백화점의 "전기를 조명 말고 다른 용도로 사용하세요"라는 광고 문구로 마무리되었다. 그리고 끝으로 이렇게 강조했다. "우리는 정말 이른 인터넷 시대의 첫날에 살고 있는 것입니다."

데이원 정신

그 후로 15년이 흘렀다. 인터넷은 그의 믿음대로 혁신을 거듭하며 전기가 가져다준 변화보다 몇 배 빠른 속도로 우리의 삶 전반에 자리 잡았다. 그리고 그 중심에는 아마존이 있다. 아직도 아마존은 우리 인류가 인터넷 시대의 첫날에 살고 있다고 믿으며 모든 사원들에게 이를 의미하는 데이원Day 1 정신을 각인시킨다. 나는 이 데이원 정신이야말로 아마존이 이 시대에 존재하는 이유이자 수많은 새로운 혁신 사업들을 선도하며 성장하게 된 이유라고 생각한다. 아직도 아마존을 온라인 서점이나 커다란 이커머스 사이트 정도로 생각하는 사람들이 많다. 베조스 회장이 강연을 한 2003년 당시의 아마존은 분명 온라인 서점이자 성장하는 이커머스 사이트였다. 하지만 15년이 지난 지금 아마존은 인터넷 사업의 첨단 분야인 클라우드 컴퓨팅과 IOTInternet of Things 산업의 선두 주자가 되었다. 어떻게 아마존이 온라인 서점과는 언뜻 큰 연관성이 없어 보이는 이런 혁신 사업들의 프런티어가 된 것인지는 오로지 데이원 정신을 통해 이해할 수 있다. 단지 이윤을 좇는 기업들과는 애초부터 마인

수많은 아마존 건물들 중에서 플래그십 역할을 하는 건물의 이름은 데이원이다. 그만큼 '우리가 인터넷 시대의 첫날에 살고 있다'는 마인드는 아마존의 뿌리 깊은 정신이다.

우리가 매일 사용하는 제품의 과거 모습들에는 그 긴 세월 동안 고민하며 살아간 많은 이들의 노력이 담겨 있다. 스파크 뮤지엄에 전시된 옛 전화기와 전구 들은 아마존이 인터넷 시대에 가져온 다양한 혁신과 닮아 있었다.

드가 달랐던 것이다.

시애틀에서 북쪽으로 두어 시간 올라가면 벨링햄Bellingham이라는 소도시가 있다. 그 도시에는 스파크Spark라는 전기 발명품 박물관이 있어서 어린 자녀들을 데리고 방문한 적이 있다. 그곳에서는 3세기에 걸쳐 변화해온 전구와 라디오, 전화기를 볼 수 있었다. 마치 기억보다 오래된 앨범 속의 사진을 보듯 전화기의 어린 시절들을 구경했다. 자고로 전화기라 함은 손끝 하나로 모든 것을 가능하게 하는 스마트폰인 줄 알았던 아이들의 눈이 휘둥그레졌다. 수백 년간 모습을 달리해온 전시품들 속에는 세상을 변화시킨 수많은 사람들의 노력과 시간, 실험과 실패, 무엇보다 혁신에는 마지막 금덩이란 없다는 믿음이 담겨 있었다.

광고 없이 가장 신뢰받는
회사가 되다

향수 냄새를 싫어하는 회사

대학에 입학한 1999년부터 지금까지 미국에 거주하고 있으니 인생의 반은 한국에서, 나머지 절반은 미국에서 산 셈이 되었다. 1~2년에 한 번씩 한국을 방문할 때면 한국에 살 때는 비교 대상이 없어 미처 보지 못했던 두 나라의 차이가 보인다. 조금은 습하고 텁텁한 공기, 차로 가득한 도로와 바쁘게 살아가는 수많은 사람들

속에 있다 보면 왠지 한국의 시계는 미국의 그것보다 좀 더 빠르고 치열하게 흐르는 듯하다.

높은 인구밀도 때문인지 한국에 사는 사람들은 남에게 보이는 것에 대단히 민감하다고 느낀 적이 많다. 〈뉴욕타임스〉의 조디 캔터 특파원의 눈에도 비슷하게 보였는지 얼마 전 한국의 외모 중시 문화를 비판적으로 꼬집은 바 있다. 실제로 2016년 갤럽 조사에 따르면 한국 사람 열에 아홉은 사는 데 외모가 중요하다고 인식한다고 한다. 외모가 중요하지 않은 것은 아니지만 보이지 않는 부분에 대한 내실이 우려된다. 화려한 장식을 한 크리스마스트리는 아름답지만 열매를 맺지는 못하기 때문이다.

이는 개인뿐 아니라 사회 전반의 풍토다. 번쩍이는 광고판이 세워진 건물에 금이 간 벽면과 뒷골목의 쓰레기는 부자연스럽다 못해 불안하다. 이런 문화는 기업에도 스며들어 있다. 회사로 치면 외모를 치장하는 것은 마케팅이고 내면을 가꾸는 일은 회사 제품과 서비스의 질을 높이는 것이라 할 수 있다. 흔히 한국에서 광고는 마케팅의 꽃이라고 한다. 얼마나 광고를 잘 만드는지 오랜만에 한국을 방문하면 광고만 보고 있어도 재미있다.

반면 아마존은 TV 광고 등의 마케팅을 거의 하지 않기로 유명하다. 이는 베조스 회장이 유독 향수 냄새를 싫어하기 때문이다. 그저 그런 제품을 만들고 그럴듯한 과대 포장을 하여 고객 판매를 유도하는 것은 아마존이 딱 싫어하는 향수 냄새가 진동하는 방식이다. 이에 반해 아마존의 방식은 자신에게 엄격하고 본질에 집중하는 것이다. 실제로 아마존은 새로운 제품이나 서비스를 알리기 위한 필수적인 마케팅 이외에 회사 브랜드를 위한 미디어 마케팅을 거의 하지 않는다.

브랜드 신뢰도 1위의 비결

삼성, SK 같은 한국의 대기업들은 말할 것도 없고 애플, 나이키, 코카콜라 같은 세계 굴지의 회사들도 해마다 천문학적인 마케팅 비용을 지불하며 자신의 브랜드 이미지를 알리기 위해 노력한다. 그 결과 그들의 카피라이트와 브랜드 이미지는 지속적인 광고를 통해 우리의 뇌리에 박혀 있다. 애플은 세상을 변화시킨 천재들을 보여주는 광고를 통해 'Think Different'라는 슬로건으로 혁신을 강조하고, 나이키는 인간의 한계를 뛰어넘는 운동선수들과 'Just Do It'이라는 메시지로 회사의 도전정신을 보여주려 애쓴다.

이에 반해 여러분은 광고를 통해 포장된 아마존의 이미지를 쉽게 떠올릴 수 없을 것이다. 아마존은 이런 브랜드 광고가 낭비라고 생각한다. 마케팅에 쓸 비용을 가지고 더 좋은 제품과 서비스를 만드는 것이 고객을 위한 길이며 궁극적으로 회사를 위한 길이라고 믿기 때문이다. 시간이 지나면서 소비자는 마케팅 MSG가 뿌려진

국물과 오랜 시간 묵묵히 우
려낸 진국의 차이를 분명히
구분할 것이며, 이런 소비자
들이 회사를 대신해 입에서
입으로 광고를 해줄 것이라
고 생각하는 것이다. 이 같은
믿음의 결과를 반영하듯 시
간이 갈수록 빛을 잃어가는

킨들 출시는 아마존을 단순한 전자상거래 사이트에서 한 단계 도약시키는 하나의 큰 걸음이었다.

반짝반짝한 기업들과 달리 아마존은 천천히 그렇지만 꾸준히 브랜드 신뢰도를 높여갔고, 마침내 고객과 여러 조사기관에서 인정한 세상에서 가장 신뢰받는 브랜드 1위 자리를 수차례 차지했다.

아마존의 제품 광고와 관련하여 재밌는 일화가 있다. 2009년 킨들팀에 있을 때 아마존이 2세대 킨들의 광고를 계획하고 있다는 이야기가 들렸다. 아무래도 천천히 쌓이는 브랜드 이미지와 달리 새로 나온 상품을 빠르게 알리려면 영상 광고가 필요했던 것이다. 사실 1세대 킨들이 처음 세상에 나왔을 때는 회장이 어딜 가나 킨들을 들고 다니면서 인터뷰했기 때문에 별다른 광고 없이도 언론들이 앞다투어 홍보해주었다. 그리고 이듬해 2세대 킨들을 출시하면서 진행한 아마존의 홍보 방식이 참 아마존다웠다. 단돈 1만 5000달러의 상금을 걸고 공개 광고 제작 콘테스트를 개최한 것이다.

결과는 바이럴 마케팅viral marketing의 모범 사례로 꼽힐 만큼 크게

마케팅에 돈을 쓰지 않기로 유명한 아마존이 꾀를 내어 1만 5000달러의 상금을 걸고 공모한 킨들 2의 홍보 이벤트는 대단히 성공적이었다.

성공적이었다. 세계 각국의 수많은 참가자들이 영상을 만들었고, 콘테스트 진행 상황이 사람들과 언론의 입에 오르내리며 공짜로 제품을 홍보해주었다. 우승을 차지한 영상은 유명 연예인과 수억의 제작비가 들어간 것은 아니지만 기발하고 깔끔한 광고였다(유튜브에서 'Amazon Kindle Commercial'로 검색하면 볼 수 있다). 텔레비전에 킨들 광고가 나오면 사람들은 "저거 알아? 아마존 콘테스트에서 우승한 영상이래"라며 관심을 보였다. 과정 자체가 영상의 스토리를 만들어준 것이다. 많은 사람들이 일부러 찾아와서 광고를 보기도 했다. 결국 그해 미국에서만 1억 명 이상이 본 영상이자 지금까지 많은 사람들의 머릿속에 남아 있는 광고가 되었다. 다만 상금이 현금 대신 아마존 상품권이었다는 건 내가 봐도 너무 했다. 광고비를 아까워하는 아마존은 결국 거의 한 푼도 쓰지 않고 성공적으로 제품을 광고했고, 이 콘테스트는 다음 해에도 이어졌다.

파워포인트를
쓰지 않는 회사

아마존이 파워포인트를 싫어하는 이유

경영 분석가로 직종을 옮기고 나서의 일이다. 부사장과 임원들에게 우리 부서의 매출이 각각 어떠한 통로로 발생하고 있고 시간에 따라 어떻게 변하는지를 분석하고 몇 가지 솔루션을 제공해야했다. 그런데 회의 준비를 위한 단 여섯 장의 문서를 완성하기까지 자그마치 한 달이 걸렸다. 내가 가장 어려워하는 것 중 하나가 영어로 문서를 쓰는 일이다. 원래 생각을 정리해서 명료하게 글로 옮기는 작업에 어려움을 느끼곤 하는데 더군다나 영어로 써야 하니 여간 스트레스를 받는 일이 아니었다. 회의를 위한 데이터 수집과 분석 작업은 이미 끝났는데, 글쓰기는 쓰고 고치고를 수십 번 반복해도 언제나 더 나아질 여지가 있었다. 개발자로 있을 때는 미처 몰랐던 경영대학원 출신 한국 동료들이 가장 힘들어하던 이 6페이저6-pager를 직접 써보니 그 고충이 이해가 되었다.

대부분 회사들처럼 간단히 강조할 포인트들을 멋진 차트와 함께 슬라이드로 정리하여 발표자가 열정적으로 프레젠테이션을 진행하는 장면은 아마존에서 보기 힘들다. 그 대신 사용되는 것이 6페이저라고 부르는 A4 용지 여섯 장짜리 내레이션식 문서다. 이 6페이저는 사전 지식이 없는 사람이라도 별다른 추가 설명 없이 끝까지 읽고 이해할 수 있도록 말로 설명하듯이 써야 한다.

베조스 회장은 파워포인트 프레젠테이션은 발표자에게는 편리하고 청중에게는 어려운 방식이라고 말한다. 발표자는 자신의 화술에 따라 강조할 부분을 부각하고 은근슬쩍 넘어갈 부분은 적당히 감출 수 있다. 전체 내용의 일부만이 슬라이드로 청중에게 재단되어 전달되기 때문에 정확한 내용을 알기 위해서는 중간중간 질문이 필수적인데 이런 질문들은 미팅의 흐름을 방해하기 일쑤다. 또한 발표자의 역량이 내용을 좌우하며 실제로는 그렇게 대단하지 않은 내용이 멋지게 포장될 수도, 반대로 아주 좋은 내용이 제대로 전달되지 않을 수도 있다. 또 청중들이 각기 다른 내용으로 이해해서 차후에 불필요한 오해가 발생하기도 한다.

반대로 모든 내용이 글로 표현되는 6페이저는 발표자에게는 어렵고 청중에게는 편한 방식이다. 빠르면 몇 시간 안에 준비되는 파워포인트 슬라이드와 달리 6페이저를 작성하는 데에는 보통 몇 주가 걸린다. 시간 낭비처럼 보일 수도 있지만 발표자는 꼼꼼하게 생각하고 조사하고 쓰고 고치는 작업을 반복하며 스스로 주제에 대한 명확한 내용을 글로 정리하게 된다. 흘러가는 말과 달리 온전한 문장으로 쓰인 글에는 도저히 숨을 곳이 없기 때문이다. 6페이저는 서체, 글자 크기, 여백까지 정해진 포맷이 있는데, 주로 버다나verdana 폰트 10 사이즈로 적고 여백은 상하좌우 여백이 가장 적은 내로narrow 스타일이 쓰인다. 내용의 구조는 문서 특성에 따라 조금씩 차이가 있지만 주로 다음의 구조를 따른다.

프로포절 형식의 6페이저 구조

1) 배경과 질문

2) 질문에 답하기 위한 접근 방식(누가, 어떻게, 그리고 예상되는 결과)

3) 접근 방식 간의 비교

4) 앞으로 취할 행동, 그리고 그 결과가 어떻게 고객과 회사에 혁신을 가져올 것인지에 대한 설명

6페이지저와 더불어 아마존에서 많이 쓰이는 문서는 신문 기사 형태의 글이다. '거꾸로 소비자로부터 시작하라'는 모토에 맞게 아마존에서는 새로운 사업을 구상할 때 가장 먼저 담당자로 하여금 그 결과물이 세상에 나올 때 보도될 기사를 문서로 쓰도록 요구한다. 기사는 독자의 관점에서 제품이나 서비스의 핵심 가치를 함축하여 설명하기 때문에 이런 작업은 모든 팀이 동일한 목표로 처음부터 끝까지 일할 수 있도록 하는 힘을 가진다.

이렇듯 어렵게 준비한 문서를 미팅 참여자 수만큼 프린트하여 가져가면 아마존 사원들에게는 익숙하지만 다른 이들에게는 생소한 광경이 펼쳐진다. 처음 15~30분 동안 서로 아무 말도 하지 않는 미팅이 시작되는 것이다. 참가자들은 간단히 서로 인사를 하고는 바로 프린트된 문서를 집어 들고 읽기 시작한다. 중간에 질문이 있거나 잘 이해가 가지 않거나 다른 의견을 가지고 있더라도 바로 묻지 않고 각 페이지에 펜으로 메모하며 끝까지 읽는다. 슬라이드 형식과 달리 끝까지 읽는 동안에 스스로 적었던 질문들이 뒷부분에서 답변이 되는 경우가 많기 때문에 앞의 메모들을 중간중간 고치기도 한다.

모두가 내용을 다 읽고 메모를 마치면 첫 번째 페이지로 돌아가서 내용 순서에 따른 활발한 논의가 시작된다. 내용은 이미 글로 설명되었고 읽은 후이기 때문에 내용에 대한 설명을 따로 할 필요는 없다. 참가자들은 각자 자신이 메모한 질문이나 생각을 자유롭게 발언하며, 모두가 처음부터 끝까지 동일한 내용을 숙지한 상태에서 활발한 토론이 이루어진다. 발표자가 주도적으로 내용을 전달하고 질문을 받는 프레젠테이션 형식의 회의가 아니라 전체가 다 함께 참여하여 본질, 곧 관련 안건이 회사와 고객에 미칠 긍정적 영향과 혁신에 대한 심도 있는 회의가 진행되는 것이다. 발표자는 6페이저에 포함되지 않은 내용에 대한 질문들을 관련 자료를 토대로 대답하며 수동적으로 회의를 주도한다.

드디어 회의 날이 되었고, 나는 준비한 문서를 10부 정도 인쇄해서 날카로운 임원들로 가득 찬 회의장으로 들어갔다. 사실 지금 잘 떠올려보려고 해도 긴장을 좀 했다는 것 말고는 그날의 기억이 희미하다. 하지만 괜찮다. 말하는 사람의 언변이나 컨디션에 상관없이 내가 전달하고자 했던 내용은 여섯 장의 글에 선명하게 적혀 전달되었기 때문이다.

아이콘과 줄임말

명료한 의사 전달을 중시하는 문화는 사내 회의에서뿐 아니라 아마존이 고객을 대할 때도 나타난다. 미국이나 한국이나 여러 가지 이유로 줄임말 사용이 늘고 있다. 가장 큰 이유로는 스마트폰이 대중화되면서 채팅할 때 더 간결하게 쓸 수 있다는 점을 들 수 있

예쁘지만 의미를 바로 알기 힘든 세탁 아이콘들

다. 이런 줄임말 사용은 양국 모두 주로 10대에게서 두드러지는데, 아마도 이들이 유행에 더 민감하고 자신들만의 공감대를 형성하는 데 도움이 되기 때문으로 보인다. 하지만 이런 장점은 아마존이 추구하는 가치와는 거리가 있다.

아마존 회장이 한 미팅에서 자신이 가장 싫어하는 것 중 하나를 이야기한 적이 있는데 바로 옷마다 달려 있는 세탁 관련 아이콘이었다. 세모, 네모 같은 다양한 모양에 점이 찍혀 있기도 하고 빗금이 그어져 있기도 한 아이콘들은 보기에는 예쁘고 심플하지만 아마도 각 사인들이 정확히 무슨 의미인지 아는 사람은 세탁소 직원이나 의류업계 종사자를 제외하면 얼마 되지 않을 것이다. 메시지를 정확하게 전달하는 본질에서 벗어난 이런 아이콘들은 바로 아마존이 알레르기 반응을 일으키듯 거부하는 방식이다.

이런 세탁 아이콘들과는 대조적으로 아마존은 설명하는 바를 간결하지만 정확하게 전달하는 것을 무엇보다 중요하게 생각한다. 따라서 아이콘이나 줄임말을 쓰지 않는다. 공간을 줄이기 위해서 또는 더 멋지게 보이기 위해서 말을 줄이는 것은 본질에서 벗어나 고객에게 불편함을 주는 행위이고, 판매를 촉진하기 위해 말을 모호하게 바꾸거나 꾸미는 것은 고객을 기만하는 행위라고 믿는다. 아마존 웹사이트 곳곳에서 이런 증거들을 쉽게 찾을 수 있는데, 예를 들어 아마존은 '고객 추천 상품'이라는 말을 잘 쓰지 않는다. 어떤 경로로 왜 추천이 되었는지 정확히 알려줘야 한다고 믿기 때문이다. 이에 따라 추천된 제품들을 보여주는 문구들만 해도 여러 가지가 있는데, 몇 가지 예를 들면 다음과 같다.

- Inspired By Your Browsing History: 고객이 아마존에서 페이지들을 방문한 기록을 토대로 제품을 추천한 경우에 쓰이는 문구

- Customers Who Bought This Item Also Bought: 해당 제품을 구매한 고객이 구매한 다른 제품들을 보여줄 때 쓰는 문구

- Customers Who Viewed This Item Also Viewed: 해당 제품 페이지를 방문한 고객이 방문한 다른 제품들을 보여줄 때 쓰는 문구

- What Other Items Do Customers Buy After Viewing This Item?: 해당 제품 페이지를 본 고객이 최종적으로 구매한 제품들을 보여줄 때 쓰는 문구

- Sponsored Products Related To This Item: 해당 제품과 관련된 광고 상품을 보여줄 때 쓰는 문구

이렇다 보니 영어에 익숙하지 않은 한국 소비자들이 아마존에서 구입할 때 문장이 너무 많아서 당황하는 것을 종종 보았다. 이 경우 아마존 모바일 앱을 사용하면 외국인의 입장에서는 훨씬 쉽게 쇼핑할 수 있다. 어찌 되었건 앞선 예들과 같이 이런 노력들은 꾸밈이나 유행보다는 정확한 의미 전달에 더 집중하는 아마존의 철학이 반영된 결과물이고 온라인 쇼핑 사이트에는 가장 중요한 고객의 신뢰를 얻는 데 크게 일조하는 부분이다.

네가 만든
개밥을 먹어봐

가르친 것과 들킨 것

아이들이 초등학생이 되자 가장 부딪치게 되는 지점은 다름 아
닌 컴퓨터 사용 시간이었다. 내 전공도 컴퓨터공학이긴 하지만 제
한 없이 게임하거나 동영상을 보도록 내버려두는 것은 본능적으로
좋은 부모가 아니라고 생각되었다. 그렇다고 아이들이 가장 좋아
하는 것을 무조건 막는 것도 관계에 문제를 초래할 수 있었다. 좋

은 대책을 찾고 싶어서 관련 주제의 기사, 영상, 논문까지 찾아보았다. 그렇게 해서 요즘에는 주중에는 전혀 하지 않고 주말에 충분히 할 수 있도록 허용한다. 여기서 핵심은 나도 주중에는 아이들 앞에서 핸드폰과 컴퓨터 사용을 하지 않는 것이다.

'네가 만든 개밥을 먹어봐Eat your own dog food' 또는 '도그푸딩dogfooding'이라고도 부르는 재미있는 미국 숙어는 개밥 만드는 회사가 자신들이 만든 개밥을 직접 먹는다는 뜻으로, 주로 기업들이 자사의 제품이나 서비스를 회사 내에서 사용하거나 사용하지 않는 경우를 빗대어 쓰는 말이다. 예를 들어 다이어트 책을 낸 사람이 자신이 쓴 방식으로 살을 빼지 않는다면 도그푸딩을 하지 않는 것이다. 도그푸딩은 말처럼 쉽지 않다. 아이에게 하는 잔소리를 몸소 실천하며 사는 부모가 얼마나 될까? 하지만 말만 하고 행동으로 하지 않으면 아이들은 말이 아닌 행동을 본다. '가르친 것보다는 들킨 것에 영향을 받는다more is caught than taught'는 영어 속담처럼 말이다. 그리고 이 원칙은 소비자들에게도 그대로 적용된다.

기업에게 도그푸딩이 중요한 것은 신뢰도와 직결되기 때문이다. 사용할 경우에는 자신의 제품을 그만큼 신뢰한다는 것을 대외적으로 보여줄 수 있고, 반대로 사용하지 않을 경우 무언가 문제가 있다는 인식을 줄 수 있다. 킨들이 처음 나왔을 때 베조스 회장은 어딜 가나 킨들을 들고 다녔다. 보여주기 위한 이유도 없지 않았겠지만 원래부터 책을 워낙 좋아하는 사람이라 실제로 매일 일상에서 사용하는 것으로 알려져 있다. 심지어 한 인터뷰에서는 목욕할 때도 방수 비닐에 넣어서 가지고 들어간다고 말할 정도였다. 도그푸딩의 좋은 예다.

행동으로 쌓아올린 브랜드 신뢰도

하지만 도그푸딩은 신제품을 직접 사용하는 것처럼 항상 쉽지는 않다. 아마존이 처음 시작한 클라우드 컴퓨팅 사업은 EC2Elastic Compute Cloud라는 일종의 웹호스팅web hosting 서비스였다. 예전에는 웹사이트를 구축하려면 직접 서버를 구축하거나 호스팅 업체를 통해 사용하는 방법뿐이었는데, 당시 가장 큰 걸림돌은 스케일 문제였다. 예를 들어 쇼핑몰 웹사이트를 하나 열어서 운영하는 사람이 있다고 하자. 사이트의 일일 평균 방문자를 고려하면 컴퓨터 한 대의 서버로도 충분하다. 문제는 깜짝 세일이나 광고 마케팅을 기획할 때 일어난다. 서버를 그대로 두자니 과부하가 걸려서 사이트가 다운이 될 테고, 갑자기 서버의 수를 대폭 늘리자니 짧은 시간의 마케팅 효과가 사라지고 나면 대부분의 서버가 낭비되는 상황이 벌어지는 것이다. 이런 문제를 해결하기 위해 아마존이 만든 탄력성 있는 호스팅 서비스가 아마존 EC2다. 트래픽이 늘고 줄어듦에 따라 서버의 수를 탄력적으로 조정하여 스케일 문제를 해결한 것이다.

2006년 처음 EC2 서비스가 시작된 뒤 입소문이 돌면서 많은 스타트업들이 EC2를 사용하여 서버를 구축했다. 문제는 2008년에 서비스가 해커들의 공격으로 일시적으로 다운되었을 때 일어났다. 넥플릭스Netflix, 레딧Reddit, 포스퀘어Foursquare 등 EC2를 사용하던 수많은 스타트업의 사이트들이 일제히 몇 시간 동안 불능 상태가 되어버린 것이다. 아마존은 빠르게 문제를 수습하여 몇 시간 내로 다시 EC2를 원상 복구시켰지만 더 큰 문제는 다른 곳에서 불거졌다. 정작 아마존 사이트는 다운되지 않은 것을 두고 아마존이 자신들이 만든 EC2 서비스를 직접 사용하지 않는다는 비난과 함께 EC2에 대한 불신이 불거진 것이다. EC2가 생기기 전에 존재하던 아마존 같은 거대한 사이트의 근간을 바꾼다는 것은 상상 이상으로 어마어마한 시간과 비용, 그리고 위험을 감수해야 하는 반면 단기적으로 생산성이 낮은 일이다. 하지만 아마존은 이런저런 변명을 들어 이 프로젝트를 미루거나 피하지 않았다. 바로 팀을 꾸려 이 쉽지 않은 마이그레이션migration (이주) 작업을 시작했고, 마침내 2010년 11월 아마존 웹사이트를 온전히 EC2로 옮겨놓았다.

단지 이 때문만은 아니겠지만 이후로도 아마존의 웹서비스 사업은 눈부시게 성장해 연 매출 10조 원을 넘어섰고, 아마존은 여태까지 한 번도 클라우드 컴퓨팅 사업의 리더 자리를 놓친 적이 없다. 사실 EC2 이후에 아마존이 제공한 대부분의 웹서비스는 실제로 아마존이 회사 내에서 직접 개발하고 사용하는 서비스를 다른 기업들도 사용할 수 있도록 제공한 것들이다. 이는 만든 개밥을 직접 먹는 차원을 넘어서 어느 집의 밥이 너무 맛있다고 소문나서 결국 다른 사람들에게도 팔기 시작한 것과 비교할 만하다. 아이들이나 소비자나 말이 아닌 행동을 본다. 그리고 아마존의 브랜드 신뢰도 1위는 다름 아닌 행동으로 쌓아올린 탑이다.

6

—

극강 효율 아마존식 솔루션

—

아마존은 하루에 몇 장의 이력서를 받을까?

수재가 면접에서 떨어진 이유

내가 일하는 동안 아마존은 빠른 속도로 성장했기 때문에 항상 사람이 부족했다. 그렇다 보니 나 또한 매주 두세 시간은 채용 관련 업무에 시간을 할애해야 했다. 아마존 면접은 대부분 지원자와 기존 팀원 간의 일대일 대화로 이루어지기 때문이다. 면접은 크게 두 종류인데, 우선 공항 검문소를 뜻하는 '스크리닝screening'이라 불리기도 하는 전화 면접과 그것을 통과한 지원자와 사옥에서 진행하는 온사이트on-site 면접이다. 최종 면접인 온사이트 면접의 경우 총 다섯 시간에 걸쳐 지원자가 다섯 명의 면접관과 다섯 번의 일대일 면접을 보기 때문에 지원자는 물론 면접관들에게도 많은 시간과 노력이 필요하다. 따라서 전화 면접에서 지원자들을 최대한 걸러내려고 노력한다.

콘텐츠 플랫폼 부서에서 바쁘게 일하던 어느 날, 또다시 한 명의 지원자와의 전화 면접이 잡혔다. 처음에는 새로운 사람과 이야기하는 과정이 기존 업무와 달라서 신선했는데 시도 때도 없이 하다 보니 피하고 싶은 일이 되기도 했다. 특히 인터뷰 자체보다도 하루 안에 회사 인사 시스템에 면접 내용과 내 의견을 상세히 올려야 하는 과정 때문에 더욱 그랬다. 이메일에 첨부된 링크를 눌러 지원자의 이력서를 스캔하기 시작했다. 아마존을 지원할 당시에 내 이력서를 면접관이 10초 이상 보지 않는다는 이야기를 들었는데 내가 그러고 있을 줄이야. 위아래로 빠르게 훑어보던 내 눈썹이 살짝 올라갔다. 익숙한 한국식 라스트 네임과 더불어 과학고와 서울대를 거쳐 최근 취득한 아이비리그 대학의 컴퓨터공학 석사 학위가 눈에 들어왔다. 게다가 어릴 적부터 올림피아드와 같은 국제 대회 수상도 많이 했고 한국 대기업에서 근무한 경험도 있는 수재였다.

다음 날, 약간의 기대와 응원하는 마음을 가지고 전화 면접을 시작했다. 한국말이 모국어인 두 명이 영어로 대화하는 것처럼 어색한 일도 없다. 간단한 인사 및 개발 업무와 관련한 몇 가지 지식적인 질문들 후에 본격적으로 코딩 문제를 던졌다. 내가 주로 묻는 문제 중 하나인 소수(1과 그 자신으로만 나눌 수 있는 수)를 나열하는 프로그램을 짜도록 주문했다. 사실 프로그래밍을 조금만 배워도 풀 수 있는 것이지만, 좀 더 효율적으로 코드를 짤 수 있는 방법들이 단계별로 있어서 지원자의 수준을 파악하는 데 용이하기 때문에 개인적으로 선호하는 문제다. 예를 들어 움직이는 건 똑같아도 비효율적인 엔진이 있는가 하면 복잡하고 만들기 어렵지만 빠르고 효율적인 엔진이 있는 것과 같이 이 문제에도 여러 가지 답이 있다. 놀랍게도 이번 지원자는 내가 아는 한 가장 좋은 답을 한 번에 맞힌 몇 안 되는 지원자였다. 대개는 쉬운 풀이 방식에서 시작해서 한 단계씩 나와 대화하며 더 효율적인 방법으로 나아가는데 몇 분간 수화기 너머에서 종이 위에 글씨 쓰는 소리가 조금 나는가 싶더니 바로 가장 좋은 방식으로 문제를 풀어버린 것이다.

나는 면접 후 최고 수준의 평가를 인사 시스템에 올렸다. 그리고 며칠 뒤 전화 면접을 본 다른 면접관과 함께 의견을 나누었다. 보통 지원자들은 두 번의 전화 면접을 거치는데 둘 다 합격이면 다음 단계로 가고 결과가 갈린 경우 한 번 더 전화 면접을 치르게 된다. 나와는 달리 의외로 다른 면접관은 평균 이하의 점수를 준 상황이었다. 답은 잘 맞히는데 과정에 대한 설명과 커뮤니케이션이 생략되어 있다는 것이 그 이유였다.

아쉽게도 이 지원자는 세 번째 전화 면접관에게도 비슷한 평가를 받았고, 최종 불합격되고 말았다. 아마존이 채용 과정에서 보는 것은 '정답'보다도 문제에 대한 접근 방법, 그리고 그 과정에서의 효율적 커뮤니케이션이기 때문이다. 골방에서 골똘히 생각하여 정답을 맞히는 사람이 아니라 서로 소통하면서 아무리 어려운 문제라도 단계적이고 창의적으로 접근하는 인재를 선호하는 것이다.

아마존은 모호함을 어떻게 다루는지를 본다

'모호함 다루기dealing with ambiguity'는 아마존이 높이 사는 정신 중 하나다. 예를 들어 '아마존은 하루에 몇 장의 이력서를 받을까?' 같은 질문을 받으면 어떻게 대답하겠는가? 이것은 실제로 아마존이나 구글 같은 IT 기업에서 종종 지원자의 분석 및 추론 능력을 테스트하기 위해 물어보는 인터뷰 질문 중 하나다. 단순히 감이나 이미 아는 지식으로 근접한 숫자를 빨리 맞히는 것을 기대하는 것이 아니라 모호한 문제에 대한 접근 방식을 보기 위함이다. 지원자는 세계 인구같이 누구나 아는 수치로부터 시작하여 지원 가능한 대학 졸업자 수 및 업계의 평균 근속 연수를 토대로 한 이직 희망자 수 등을 순차적으로 추론하고 대화하면서 최종적인 답을 찾기 위해 노력해야 한다. 이 과정에서 얼마나 문제를 정확히 파악하고, 논리적이고 창의적으로 답에 접근하며, 또 효율적으로 면접관과 대화하는지를 보는 것이다. 과정이 훌륭했다면 실제 숫자를 맞혔는지는 크게 중요하지 않다. 궁금한 분들을 위해서 말하자면 아마존은 매일 약 5000장의 이력서를 받는 것으로 추정된다.

한국 기업의 채용 과정을 직접 경험한 적은 없지만 TV나 인터넷에 소개된 사례가 사실이라면 아마존과는 극과 극으로 대비되는 장면이 많다. 그중에서도 개인적으로 가장 이해하기 힘든 부분은 몇몇 기업들의 인성검사이다. 이런 검사가 채용에 필요한지 여부와 그것이 시험지로 테스트 가능한지를 따지기에 앞서 이 시험 자체가 그리 인간적이지 않다는 것이 가장 큰 모순이다. 객관식 시험은 채점자의 편의를 위한 방식이지 인생을 걸고 취업 문턱을 두드리는 지원자를 위한 방식은 아니기 때문이다.

영화 한 편의 가치를 객관식 문항들로 판단할 수는 없다. 한 사람의 삶은 더더욱 그렇다. 더군다나 이런 시험을 잘 보기 위해 학원을 다니고 출제 유형을 익히는 행위와 높은 인성 간의 연결점을 찾기 힘들다. 과정과 설명은 무시된 채 누군가 정해놓은 답을 많이 맞히는 사람을 아마존은 훌륭하다고 생각하지 않는다. 우리들은 어린 시절부터 객관식 시험에 너무 익숙해져버린 건 아닐까. 아마존의 채용 과정은 '주관식'이다. 그리고 우리가 회사에서, 또 삶에서 마주하는 대부분의 문제들 또한 그렇다.

신입사원에게 주어지는 네 가지 생존 도구

웰컴 투 더 정글

"헤이, 제이제이!" 조너선이 신입사원 오리엔테이션 장을 빠져 나오면서 인파 속에서 용하게도 금방 나를 찾아냈다. 이미 최종 면접에서 한 시간 동안 이야기를 나눈 사이라 큰 어색함은 없었다. 갓 대학을 졸업한 그는 전화 면접은 물론 온사이트 면접에서도 만장일치로 합격되어 곧바로 팀에 합류하게 된 신입사원이다. 백인

치고는 작은 체구에 서글서글한 인상과 성격 덕에 왠지 편안한 느낌을 주는 친구였다. 내가 조녀선을 마중 나간 것은 그가 나의 새로운 멘티이기 때문이다. 다시 말하면 조녀선이 아마존에서 빠르게 전력화될 수 있도록 도울 책임이 나에게 주어진 것이다.

10년 전 내가 처음 입사했을 때에 비하면 체계가 많이 잡히긴 했지만 사실 아마존의 신입사원 교육은 '셀프서비스'에 가깝다. 멘토는 문제를 풀다가 막히는 부분들을 뚫어주는 역할이고 주도적으로 헤쳐 나가야 하는 것은 조녀선의 몫이다. 이처럼 아마존 사원들에게 기본적으로 필요한 능력은 스스로 문제를 해결하는 능력이다. 이런 능력이 없다면 애초에 험난한 아마존에 들어오지 못하기 때문에 아마존은 신입사원들에게 친절한 교육 과정을 제공하는 대신 이렇게 말한다. "웰컴 투 더 정글!"

내가 좋아하는 만화인 도가시 요시히로富樫義博의 《헌터×헌터》에 나오는 '헌터'들은 미지의 위험으로부터 인류를 지키는 특출 난 모험가들로 매년 엄청난 경쟁과 고난도의 시험을 통과해야만 프로 헌터의 자격을 얻는다. 시험 과정 중에는 물론이고 헌터가 된 후에도 어떻게 해야 하는지 친절히 가르쳐주는 사람은 없고 자신의 힘과 의지로 마주하는 문제들을 스스로 헤쳐 나가야 한다. 그 대신 헌터가 되면 초반에 비밀리에 만날 다른 헌터들의 리스트, 헌터들만 접속할 수 있는 방대한 정보 네트워크, 그리고 새로운 능력을 터득할 수 있는 훈련과 같은 간접적인 도움들이 주어진다. 갑자기

만화책 이야기를 한 것은 이 같은 과정이 아마존의 신입사원 훈련과 매우 비슷하기 때문이다.

아마존의 신입사원들에게도 단체 연수 과정 대신에 각자가 정글에서 살아남을 수 있도록 돕는 생존 도구들이 주어진다. 우선 입사 첫날 조너선의 손에 들리는 것은 '론치 플랜Launch Plan'이라고 불리는 두 장가량의 짧은 문서다. 거기에는 그가 맡게 될 첫 임무에 대한 설명과 함께 만나야 할 다양한 사람들의 리스트가 들어 있다. 조너선은 리스트에 있는 프로젝트 담당자, 개발자, 디자이너, 테스터, 부사장 등 각 사람에게 직접 연락하여 약속을 잡고 1~2주에 걸쳐 일대일로 만남을 가진다. 이를 통해 그들과 개인적인 관계를 형성하고 앞으로 문제가 생길 때 누구와 이야기해야 하는지를 파악하는 것이다. 또한 그들과 이야기하면서 맡게 될 프로젝트들에 대한 입체적인 시야를 갖게 된다.

초반에 조너선이 이런저런 궁금한 것들을 물어보면 나는 대략적인 설명 후에 주로 관련한 아마존 사내 위키 페이지 링크를 보내주었다. 스스로 정보를 검색하고 답을 찾을 수 있도록 돕기 위함이다. 아마존의 사내 위키는 사원 누구나 검색은 물론이고 새 페이지를 만들고 수정할 수 있는 지식 공유 플랫폼이다. 물론 외부인은 접근할 수 없으며 비밀 프로젝트의 경우에는 관계자 외의 접근이 제한된다. 아마존 위키에는 팀, 프로젝트, 툴, 서비스, 스프린트 관련 정보뿐 아니라 '시애틀 맛집'같이 업무와 딱히 관련이 없는 페이지도 있다. 이 모든 정보는 전 사원들에 의해 실시간으로 업데이트되고 공유된다. 맥킨지McKinsey & Company의 조사에 따르면 회사 업무 중 20 퍼센트가 정보 검색에 쓰인다. 같은 정보가 단순히 누군가의 컴퓨터 파일에 들어 있는 것과 사내 위키에 있는 것은 최신 정보의 공유 차원에서 하늘과 땅만큼 큰 차이를 가진다. 잘못되거나 오래된 정보가 공유되는 것을 막기 위해 아마존은 위키 페이지를 제때 업데이트하는 것을 업무의 일부로 여긴다. 시간이 지나면서 이처럼 위키를 통해 관리된 양질의 정보는 신입사원에게는 물론 기존 사원들에게도 없어서는 안 될 아마존의 큰 경쟁력이 되었다.

셀프 신병훈련소와 멘토링 시스템

우리 팀에서 조너선이 전력화되어 실제 개발 업무에 투입되기까지는 단 일주일밖에 걸리지 않았다. 내가 처음 입사했을 때는 몇 달이 걸렸는데 말이다. 물론 조너선이 나보다 여러모로 뛰어나기도 했겠지만, 이것이 가능해진 또 다른 이유는 예술에 가까운 아마존의 개발 환경과 더불어 신입사원에게 제공되는 온라인 기반 튜토리얼이다. 아마존에서는 이 튜토리얼을 부트캠프bootcamp, 곧 신병훈련소라고 부른다. 조너선은 아마존이 상시 업데이트하는 이 부트캠프 과정을 따라가면서 아마존의 개발 환경을 실습했다. 물론 처음부터 끝까지 혼자서 말이다. 튜토리얼 중에는 'launch before lunch(점심식사 전에 론칭하기)'라는 섹션도 있다. 잘 따라 하기만 하면 아침에 시작해서 점심 먹기 전에 신입 개발자가 새로운 버전의 아마존 서비스를 수정 및 배포할 수 있기 때문에 붙여진 이름이다. 예전 같으면 복잡한 과정과 위험성 때문에 몇 달이 걸려도 자신 있게 하지 못할 일이었다.

앞서 언급한 '론치 플랜', '사내 위키', '부트캠프'와 함께 조너선에게 마지막으로 주어진 도구는 다름 아닌 멘토인 나였다. 아마존은 일대일 멘토링 시스템을 활용해서 신입사원들을 돕는다. 신입사원에게 매칭되는 멘토는 처음 3개월간 업무 전반에 대해 궁금한 것을 언제든지 물어볼 수 있는 지정 창구다. 단시간에 굉장히 많은 새로운 지식을 습득해야 하기 때문에 멘토의 존재는 큰 힘이 된다. 조너선은 매우 똑똑하고 성실해서 대부분의 문제를 혼자 해결할 수 있었다. 그러다가 몇몇 막히는 부분이 있을 때는 복도에 설치된 화이트보드 앞에서 그림을 그리며 설명하고 이야기를 나눴다. 내가 오랜 시간에 걸쳐 겨우 이해한 것들이었는데 조너선이 곧잘 이해해서 왠지 뿌듯했던 기억이 난다.

아마존의 멘토링 시스템은 신입사원의 전유물이 아니다. 아마존 사원들은 사내 멘토 사이트에서 누구나 자신이 원하는 멘토를 검색해 선택할 수 있다. 멘토 사이트에는 멘토가 되길 희망하는 사람들이 전문 분야와 함께 등재되어 있다. 이 리스트에서 자신이 배우

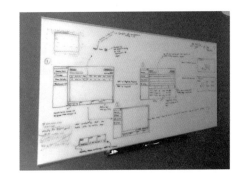

복도 구석구석에는 화이트보드와 의자가 놓인 작은 공간이 많다. 나는 거의 매일 혼자 프린트물을 읽거나 다른 동료들과 업무 관련 내용을 이야기할 때 이곳을 활용했다.

려는 기술을 가르쳐줄 멘토를 골라서 연락하면 매주 한 차례씩 3개월 정도의 멘토링을 받을 수 있다. 컴퓨터 언어나 빅데이터 분석 같은 기술적인 것은 물론 팀 관리나 연설 등 다양한 분야의 과외를 받을 수 있다. 사원들 간의 자발적인 재능기부의 장인 셈이다.

　나 또한 아마존에서 두 차례의 멘티 경험이 있다. 지금은 사용이 많이 줄어든 어도비 플래시Adobe Flash 관련 개발과 아마존 등에서 널리 쓰는 웹 프레임워크인 스프링 프레임워크Spring Framework를 배우기 위한 것이었다. 플래시 개발은 회사 업무와는 상관없이 내가 관심이 있었던 분야였다. 2000년대 후반에는 웹 기반 게임이 많았는데 이때 많이 쓰인 것이 플래시였기 때문이다. 당시는 고등학교 친구 몇 명과 아마존과는 별개로 스타트업을 하나 추진하던 시기였는데 이때 필요한 기술이기도 했다. 이처럼 아마존 멘토링은 회사 업무와 직접 관련이 없어도 크게 상관없고 오히려 앞으로 자신의 진로에 도움이 될 만한 내용들을 선택할 수 있다(여담으로 당시 구상했던 스타트업은 실제로 구현하지는 못하고 와튼 스쿨의 경연에 참가하여 본선에 진출하는 것으로 만족해야 했다).

스프링 프레임워크와 관련하여 멘토링을 받은 것은 회사 업무에도 큰 도움이 되었다. 새로 들어간 아마존 로컬 팀의 웹사이트는 스프링 프레임워크 위에서 돌아가고 있었는데 이 프레임워크가 굉장히 방대했다. 책을 하나 사긴 했는데 워낙 두꺼워 어디서 어떻게 시작할지 엄두가 나질 않았다. 이때 이미 아마존 내에서 같은 프레임워크 위에 비슷한 사이트를 만들어본 멘토에게 일주일에 한 시간 동안 궁금한 점들을 물어보는 것은 돈을 주고도 받기 힘든 과외였다. 다만 아마존의 멘토링에서는 멘토가 어젠다를 가지고 진행하지 않기 때문에 멘티가 스스로 도움을 받고 싶은 내용과 질문을 잘 정리해서 얻어가야 한다. 바닷물에 들어가도 작은 바가지를 들고 가면 딱 그만큼만 물을 떠오는 꼴이 되고 말기 때문이다. 이 때문에 멘토링 과정에서도 주체적으로 일할 수 있는 역량이 중요하다.

이런 재능기부식 멘토링 시스템은 자발적으로 멘토를 자청하는 사람들이 없다면 불가능하다. 멘토에게 짠돌이 아마존이 제공하는 보상은 달리 없다. 그럼에도 자발적 멘토가 왜 이렇게 많을까? 그 이유는 나이가 들면서 조금씩 알게 되는 것 같다. 그저 사람이라는 존재가 성숙해갈수록 아랫사람에게 도움을 주는 행위에 보람을 느끼지 않나 싶다. 나도 조녀선을 비롯한 몇 명의 멘토가 되어보니 멘티들이 고마워하는 마음 이외에 따로 대가가 필요 없었다.

인사고과 서바이벌

매년 찾아오는 동료평가

다시 3월이 찾아왔다. 동료평가peer review가 진행되는 3월은 아마 존 직원들에게 피곤한 달이다. 인사고과 시스템에 접속하니 벌써 나에게 평가를 부탁한 이들의 리스트가 떴다. 그중에는 내 상사와 팀원들은 물론이고 프로젝트를 진행하며 교류했던 타 부서의 매니 저와 개발자도 있었다. 몇 번 만나지 않아서 별로 쓸 말이 없는 이들을 제외하고 나서도 아직 여덟 명에 대한 평가를 써야 했다. 게다가 써야 하는 분량이 더 많은 셀프 평가까지 마치려면 이틀을 꼬박 매달려도 다 할 자신이 없었다. 시간만 많이 드는 것이 아니라 썩 마음에 들지 않는 일이기도 했다. 자라온 문화 탓인지 당사자 모르게 이런저런 말을 쓰는 것도 불편했고, 내 스스로에 대한 평가를 하는 것도 매우 어색했다.

그래도 언론에도 많이 소개될 만큼 유명해진 '아마존의 14가지 리더십 원칙'이라는 평가 기준이 있다는 것은 그나마 다행이었다. 여기에 더해서 각 직종별로 적용되는 추가 원리들에 비추어 한 명당 장점과 단점을 두세 개씩 쓰는 것이 권장되는데 구체적인 예시까지 함께 이야기해야 했다. 해가 지나면서 조금씩 요령도 생기고 단점은 굳이 쓰지 않더라도 문제가 되지 않는다는 것을 알게 된 후부터는 그나마 속도가 좀 더 빨라졌다. 1년 동안 해당 사원과 관련한 일화를 한두 개 떠올리고 그에 해당하는 원리를 찾아서 하나씩 써 내려갔다.

장점을 마치고 단점을 쓰는 부분에서는 잠시 망설여졌다. 대부분의 사원들에게는 '기억나는 사례가 없음'으로 일관하고 있었는데 그중 한 명과 있었던 부정적인 사례가 하나 생각난 것이다. 내가 쓰는 평가는 그의 상사에게 보내지고 당사자가 보게 되는 일은 없지만 왠지 마음이 불편했다. 결국 착한 아이 콤플렉스 환자마냥 그 칸은 채우지 못했다. 하지만 아마존의 대부분 사원들은 이런 갈

아마존의 14가지 리더십 원칙

1. 고객에 집착하라

2. 주인의식을 가져라

3. 발명하고 단순화하라

4. 리더는 정확하고 옳아야 한다

5. 배우고 호기심을 가져라

6. 최고의 인재를 뽑아 육성하라

7. 최고의 기준을 추구하라

8. 크게 생각하라

9. 신속하게 판단하고 실행하라

10. 절약하라

11. 신뢰를 구축하라

12. 깊게 파고들어라

13. 강골기질: 반대하되 헌신하라

14. 결과를 만들어내라

원칙을 가진 회사들은 많지만 그 원칙을 사원 모두가 함께 믿고 공유하는 회사는 드물다. 아마존의 리더십 원칙은 회사 내에서 내려지는 결정들에 대해 마치 십계명과 같은 권위를 갖는다.

등을 하지 않는 것도 알고 있었다. 근거가 있다면 신랄하게 비평하는 것을 자연스럽게, 아니 오히려 필요한 것으로 보는 이들이 많았기에 나에 대한 평가를 해줄 사람들을 고르는 것은 쉽지 않은 일이다. 이들 중 누가 앞에서는 웃지만 뒤에서는 칼을 꽂을지 모르기 때문이다. 그래서인지 이맘때의 아마존 복도에는 유독 서바이벌 리얼리티 쇼의 마지막 몇 분과 같은 서늘한 공기가 흐른다.

유리천장은 존재하는가?

한 달에 걸친 고과 과정의 끝은 매니저와의 일대일 미팅이다. 성적표를 기다리는 학생처럼 나에 대해 어떤 평가가 주어졌을지 기대 반 두려움 반으로 기다리던 내게 드디어 미팅이 잡혔다. 그 전까지는 다소 겸손하게 쓰던 셀프 평가도 이번에는 마음먹고 자신 있게 쓴 것이 어떤 영향을 주었을지도 궁금했다. 물론 내 스스로를 돌아보면 더 잘할 수 있는 여지는 항상 있었지만 말이다. 게다가 2010년은 경제가 서브프라임 사태로부터 회복되던 시기라 연봉 인상에 대한 기대가 더욱 컸다. '혹시 나도 모르는 깜짝 승진을 한 건 아닐까?'라는 복권 구매자와 같은 마음으로 매니저의 방으로 들어가서 그의 표정을 살폈다.

알기 힘든 미소로 나를 맞은 매니저는 평가서 첫 장을 펼쳤다.

다행히 '초과 달성exceeded'이라는 등급이 눈에 들어왔다. 이는 특출outstanding, 초과 달성exceeded, 달성achieved, 미달성under achieved의 4등급 중 두 번째에 해당하는데, 당시 아마존은 직원들을 10퍼센트, 40퍼센트, 40퍼센트, 10퍼센트의 비율로 나누어 등급을 매겼다. 그는 나에 대해 직접 서술한 강점 세 가지와 내 셀프 평가에 대한 대체로 긍정적인 의견들을 요약해서 읽어 내려갔다. 간간이 내가 부탁한 동료들이 쓴 문장이 익명으로 인용되기도 했다. 좋은 말 뒤에는 물론 '개선 영역areas for improvement'으로 순화해서 부르는 단점들도 있었다. 어김없이 여러 부서 전반에 걸친 더 큰 영향력을 발휘하라는 의견이 또다시 지적되었다. 다음 레벨로 승진하기 위해서는 아마존에서 필수적으로 요구하는 부분이라 돌려 말하면 결국 승진이 되지 않았다는 것을 의미했다.

스스로도 인정하는 이 지적받은 부분은 몇 년 동안 나를 괴롭혔다. 아마존에서 더 큰 영향력을 발휘하기 위해 필요한 것이 내가 불편하게 느끼는 일들이었기 때문이다. 회사 입장에서도 나보다 말도 잘하고 능력도 있으며 정치도 잘하는 사람들이 높은 자리에 있는 것이 더 좋을 것 아닌가. 앞으로 이와 같은 점들을 내가 개선할 수 있도록 돕겠다고 말하는 상사에게 그러고 싶은 마음이 별로 없다고 솔직하게 이야기하자 그는 나를 조금은 의아하게 쳐다보았다. 말은 쿨하게 했지만 아마존의 시간들을 돌이켜보면 언제나 마음 한 켠에는 승진에 대해 온전히 초연할 수 없는 압박감이 자리 잡고 있었다.

난 아마존의 고과 과정에 딱히 동양인에 대한 차별이 존재한다고 생각하지는 않는다. 하지만 고위직 승진에 있어서는 다른 언어와 문화에서 자란 이들이 아마존이 요구하는 '큰 영향력'과 같은 조건들을 비교적 맞추기가 힘든 것은 사실이다. 또한 까다로운 승진 심사에서는 동료가 아닌 윗사람들의 의견이 대부분 반영되다 보니 어느 정도의 비위 맞추기와 정치력도 필요해진다. 그래서인지 아마존 위쪽 사다리 위에는 야망이 있는 백인 남성들이 많다. 이들이 근무 외 시간에도 함께 어울리며 쌓은 연대감이 회사 구조에도 영향을 미치는 현상을 '브로 문화bro culture'라고 부른다. 이는 아마존뿐 아니라 미국의 테크 기업에서 종종 문제점으로 지적되는 부분이기도 하다. 어찌 되었건 그해에도 승진은 물 건너가고 말았다.

평가서의 마지막 페이지에는 앞으로 받게 될 급여와 주식 보너스가 적혀 있다. 살펴보니 어느 정도의 연봉 인상이 있었다. '초과 달성' 등급을 받은 터라 내 기대보다는 크지 않았지만 서브프라임 시기보다는 확실히 나아진 인상 폭이었다. 또한 연봉 아래에는 앞으로 2년간 받을 주식의 양이 적혀 있었다. 이후에 약속받은 주식이 내 계좌에 들어올 때는 가치가 많이 올라서 기본 연봉보다 주식이 더 많은 해도 있었다.

동료평가 제도에 대한 논쟁

회사의 급여 시스템에 정치, 경제, 사회, 그리고 철학적 논의까지 끌어들이면 이는 굉장히 복잡한 문제가 된다. 하지만 고객 만족과 회사 성장에만 초점을 둔다면 그 답은 비교적 단순하다. 오래된 선수들로 채워진 국가대표 축구팀은 상상하기 힘들다. 언제나 고객 최우선주의를 외치는 아마존은 철저하게 능력과 기여도에 따라 사원들을 대우하며 각자가 주인의식을 갖도록 지분을 나누어준다. 모든 운동팀이 그러하듯 회사가 성장하고 시장에서 승리하기 위해서는 최고의 인재들이 자기 일같이 최선을 다하는 상황을 만들어야 한다고 믿기 때문이다. 동료평가와 주식 지급은 이러한 아마존 인사고과 과정의 핵심이라 할 수 있다.

단순히 오래 일한 사람이 더 높은 급여를 받는 호봉제를 처음 도입한 일본에서도 이미 20년 전에 호봉제를 버렸지만 아직까지도 한국은 적지 않은 기업이 관행상의 이유로 호봉제를 유지하고 있다. 하지만 아마존에서는 온전히 직무와 능력으로 연봉이 결정되기에 상사보다 더 많은 연봉을 받는 경우도 흔하고, 새로 들어온 20대 신입사원이 20년간 아마존에서 근무한 50대 사원보다 많이 받는 것도 이상하지 않다. 다만 워낙 각자 받는 연봉에 차이가 있다 보니 아무리 친한 사이라도 서로의 연봉을 묻는 경우는 잘 없다. 그 대신 익명으로 서로의 연봉을 공유하는 글래스도어_{glassdoor.}

com와 같은 사이트에 가면 자신과 비슷한 경력과 직급을 가진 사람들이 얼마를 받고 있는지를 볼 수 있다.

연봉제와 동료평가 제도가 아마존의 수준과 생산성을 높이는 것은 부인할 수 없는 사실이다. 하지만 아마존의 동료평가 제도는 과도한 경쟁을 부추긴다는 점과 불필요할 정도로 많은 시간이 소요된다는 점에서 몇 차례 도마 위에 오르기도 했다. 그리고 2015년의 〈뉴욕타임스〉 비판 기사가 기폭제가 되어 그동안 눌려 있던 불만들이 터져 나왔다. 현재는 몇 차례 새로운 시도를 거쳐 단점보다는 장점에 집중하는 완화되고 간소화된 형태의 동료평가 시스템이 도입되었다. 내가 경험했던 이전의 인사고과 과정은 돌아보면 치열하고 냉혹했지만 빼놓을 수 없는 아마존 성장 요건 중 하나였다.

아마존은
어떻게 일할까?

스크럼 프로세스

아마존에 다니면서 결혼 전까지는 친구 세 명과 한동안 함께 살았다. 남자 넷에 개 두 마리까지 한집에 살다 보니 북적북적 재미있는 일이 많았지만 딱 하나 문제가 설거지였다. 하루이틀만 지나도 싱크대에 수북이 쌓이는 그릇들을 누구도 치우고 싶어 하지 않았던 것이다. 자기 것만 씻기도 야박하고 매번 하는 사람만 하면 불만이 쌓이기 마련이다. 순번을 정해봤지만 잘 지켜지지 않았고, 그렇다고 친구끼리 아쉬운 소리를 하는 것도 불편했다. 그러다가 냉장고에 가스점검표 비슷한 종이를 붙이는 아이디어로 모든 문제가 해결되었다. 설거지를 하고 나면 종이에 날짜와 자기 이름을 적는 것이 전부였는데 이 간단한 방법이 놀라운 변화를 가져왔다. 누가 설거지를 자주 했는지 투명하게 보이기 때문에 시키는 사람이 없어도 공평하게 자발적으로 설거지를 하기 시작했다. 게다가 그릇의 양은 상관없이 기록했기 때문에 그릇이 쌓이기 전에 바로바로 씻는 문화가 생겼다. 작은 프로세스의 변화가 얼마나 효율적으로 문제를 해결할 수 있는지를 경험한 기억인데, 사실 이 아이디어는 아마존의 업무 방식에서 힌트를 얻은 것이다.

아마존에서는 상사가 업무를 지시하지 않는다. 그 대신에 스크럼scrum으로 대변되는 애자일 프로세스agile process를 통해 투명하게 매일 자신이 해야 하는 업무를 정하고 팀 차원의 생산력을 최대치로 끌어올린다. 애자일 프로세스란 기존 워터폴waterfall 방식의 하드웨어적 제품 개발에서 벗어나 소프트웨어적 제품 개발에 특화된 빠르고 유연한 점진적 개발 프로세스의 총칭이며, 스크럼이나 칸반kanban 등은 널리 쓰이는 애자일 방식의 다양한 방법론이다. 새로운 휴대폰 개발이 끝나면 테스트를 시작하듯 커다란 단계별로 일을 진행하는 워터폴 방식과 달리 애자일 방식에서는 2주 정도의 짧은 주기로 계획, 개발, 테스트, 배포를 반복한다.

스크럼 프로세스는 럭비에서 유래된 용어로, 아마존에서는 대부분 스크럼 프로세스에 따라 업무가 진행된다.

말 그대로 민첩함에 중점을 둔 애자일 프로세스는 2000년대 초반부터 스타트업들을 중심으로 등장하여 지난 십몇 년 사이에 미국 IT 업계에 혁신을 가져왔다. 아마존은 빠르게 애자일의 장점을 받아들였고 대부분의 적용 가능한 팀들이 애자일 프로세스를 사용하고 있다. 최근 들어 한국에서도 소프트웨어 기업들을 중심으로 애자일과 스크럼을 활용한 프로젝트 관리가 활발히 소개되고 있다. 스크럼은 많은 부분에서 속도와 효율을 중시하는 아마존과 닮아 있다.

스크럼은 원래 럭비 용어에서 유래된 말로 공격 시에 선수들이 공을 중심으로 만드는 진영을 뜻한다. 럭비는 일반 축구와 달리 공이 땅에 닿을 때까지 지속되는 짧고 유동적인 단위로 진행되는데 이 단위를 스프린트sprint(전력질주)라고 한다. 각 스프린트 사이마다 게임이 중단되고 팀은 상황과 전략에 따라 전열을 가다듬어 다음 스프린트에 적용할 팀의 진영과 각자의 역할을 정한다. 이런 특징들을 소프트웨어 개발에 적용한 것이 스크럼 프로세스이며, 이는 아마존의 각 팀들은 매일 오전 15분 정도 스크럼 보드 앞에서 짧은 스탠드업 미팅을 가지고 각자의 업무 진행 상황을 공유하는데, 이 미팅이 사원들에게는 굉장한 압박으로 작용한다.

애자일 개발 프로세스에서 널리 쓰이는 방법론으로 응용 범위가 넓어 일반 프로젝트 관리에도 쉽게 적용될 수 있다.

아마존 복도에는 포스트잇 메모지가 수두룩하게 붙어 있는 벽을 쉽게 볼 수 있는데, 스크럼 보드라고 불리는 스크럼 프로세스의 상황판이다. 메모지들은 주로 '할 일To Do', '진행 중In Progress', '테스트 중QA', '완료Done' 등으로 구분되어 있고, 각 메모지에는 한 명의 개발자가 하루에 할 수 있는 작업 하나가 적혀 있다. 이 할 일들은 반복되는 주기의 첫날에 진행되는 스프린트 계획 회의에서 정해진다. 이후 개발자들은 매일 아침마다 이 앞에 모여 짧게 미팅을 하는데 한 명씩 돌아가며 어제 자신이 마친 작업을 이야기하고 오늘 일할 새로운 작업 하나를 고르게 된다. 이렇게 2주 동안 '전력질주'를 하고 나면 마지막 금요일 오후에 관계자들 앞에서 작업물을 시연하고 어떻게 더 잘할 수 있을지 회의함으로써 한 주기를 마무리한다. 다음 주 월요일에는 새로운 스프린트가 시작되며, 이 사이클은 무한히 반복된다.

팀원이 로또에 당첨된다면?

아직 아마존에 스크럼이 온전히 도입되지 않았을 때의 일이다. 스크럼 도입 전후의 큰 차이점 중 하나는 담당자의 유무다. 당시에는 팀 내의 엔지니어들이 각각의 파트를 담당했는데, 건축에 비유하자면 한 명은 화장실을 맡고 한 명은 주방을 맡는 식이었다.

팀에서 알고리즘을 담당하던 마이클은 곱슬머리에 배가 많이 나와 가끔은 배 위에 키보드를 올려두고 타이핑하는 모습이 재미있던 동료였다. 그의 사무실에는 〈스타워즈Star Wars〉 관련 피규어가 가득했고, 이제는 고등학생이 되었다는 아들의 돌 무렵 사진이 모니터 바탕화면에 자리 잡고 있었다. 나이가 오십에 가까웠던 그는 프로그래머 경력만 25년 가까이 된 베테랑이었지만 한 가지 단점이라면 새로운 방식에 대한 적응 속도가 조금 느리다는 것이었다. 아마존의 대부분 개발자가 IDEIntegrated Development Environment(통합 개발 환경)로 코딩을 하고 있었지만 그는 여전히 이맥스Emacs라는 1970년대에 나온 텍스트 에디터로 개발을 계속하고 있었다. 이는 마치 집을 빠르게 지을 수 있는 새로운 도구들이 많이 있음에도 불구하고 손에 익은 철 지난 도구들을 쓰는 것과 같았다. 사실 이맥스는 키보드 단축키만 해도 천 개가 넘는 소수의 마니아층을 거느린 오묘한 에디터였다. 마이클이 코딩하는 것을 옆에서 지켜보고 있노라면 내비게이션 없이 길을 찾아가는 달인과 같은 풍모가 느껴졌다. 다만 혼자의 방식으로 복잡한 알고리즘을 오랫동안 맡다 보니 그가 쓴 코드를 점차 다른 동료들은 잘 이해하지 못했고, 실행시키고 테스트하는 것조차 그의 도움이 없으면 힘들게 되었다. 이렇다 보니 그가 며칠 동안 휴가만 떠나도 바로 팀의 업무에 지장이 발생했다.

때로는 일이 더디게 진행되는 것 같아도 그에게 지적할 수 있는 사람 또한 존재하지 않았다. 마이클은 이런 전문성이 자신의 가치를 증명해주는 동시에 직업 안정성을 보장해준다고 생각했다. 팀이 스크럼을 도입하기 전까지는 말이다.

스크럼을 도입하고 머지않아 팀은 새로운 버전의 알고리즘을 필요로 하게 되었고, 그의 코드 대신에 백지에서부터 다시 만들기로 결정을 내렸다. 마이클 혼자서 알고리즘을 담당하던 이전과는 달리 마치 여러 인부가 함께 벽돌을 하나씩 쌓아서 큰 건물을 올리듯 2주 간격의 스프린트에 따라 모든 개발자들이 조금씩 참여하여 알고리즘을 완성시켜 나갔다. 팀원 모두가 알고리즘에 대해 높은 이해도를 가지게 되었고, 이는 좋은 결과들을 가져왔다. 더 이상 문제 해결을 위해 특정 사원에게 의존하는 일도 없어졌고 전문성 뒤에 숨어서 게으름을 피울 수 없으니 일은 한결 투명하고 빠르게 진행되었다. 새로운 알고리즘이 완성될 무렵 마이클은 스스로 자신의 짐을 챙겨서 디즈니로 떠났다. 디즈니가 〈스타워즈〉 저작권을 소유한 루카스필름을 인수한 지 얼마 되지 않은 시점이었다.

미국 회사에서는 특정 정보가 한 사람에게 얼마나 집중되어 있는지를 측정하는 표현으로 버스 지수bus factor 또는 로또 지수lottery factor라는 말이 있다. 팀원이 갑자기 일을 그만두는 상황이 팀 전체 업무에 주는 영향의 크기를 설명하는 말인데, 예전에는 버스나 트럭에 치여 못 나오게 되는 경우를 빗대어 버스 지수라고 불렀다. 사람이 다친 마당에 회사 입장에서 일에 얼마나 지장이 있는지를 측정하는 것이 조금 비인간적이라고 생각해서인지 요즘에는 좀더 긍정적으로 로또에 당첨되어 회사를 떠나는 상황을 빗대어 로또 지수라고 많이 쓴다. 지수가 높다면 정보 공유가 잘 되어 있어서 예견치 못한 상황으로 많은 팀원이 팀을 갑자기 떠나도 문제없이 일이 돌아갈 수 있다는 것이고, 지수가 낮다면 전임 팀원 한 명이 팀을 떠나면 당장 큰일이 되는 상황을 의미한다. 비록 마이클이 로또에 당첨되지는 않았지만 그의 동심을 따라 떠났고 팀도 높아진 로또 지수 덕분에 아무런 타격을 받지 않을 수 있었다.

시키는 사람이 없어도 극대화되는 팀 생산성

스크럼 프로세스 안에서 개발자로 일하다 보면 혼자 열심히 쇠똥을 굴리는 쇠똥구리가 아니라 여럿이 같이 일하는 개미가 된 느낌이다. 마치 개미들이 함께 잎사귀를 물고 가듯이 팀원들이 함께 일하기 때문이다. 힘이 센 개미도 있고 힘이 약한 개미도 있듯이 팀에 속한 개발자들도 능력과 숙련도의 차이로 일의 처리 속도가 제각각이지만, 스크럼 프로세스는 이런 상황에서도 팀 차원의 생산력을 최대한으로 끌어올린다.

예를 들어 같은 시간 안에 일을 15만큼 할 수 있는 숙련된 개발자 '록스타rockstar'와 일이 서툴러서 5만큼밖에 할 수 없는 개발자 '뉴비newbie'가 있다고 하자. 각각 10짜리의 업무를 전담하는 상황일 경우에는 록스타는 5만큼의 역량을 낭비하게 되고 뉴비는 자신이 전담한 10짜리 일을 절반밖에 끝내지 못하는 상황이 되고 만다. 이 경우 둘의 생산량 합은 15가 된다. 하지만 스크럼 프로세스에서는 록스타와 뉴비 모두 자신의 역량만큼인 15와 5만큼의 일을 하게 되고, 결과적으로 팀 차원에서는 기존 방식에서의 15보다 5가 많은 20의 생산량을 갖게 된다.

스크럼은 팀 차원에서 얼마나 효율적으로 일을 처리했는가에 중점을 두는 반면 누가 일을 많이 또는 적게 했는지는 드러내서 이야기하지 않는다(다만 누가 봐도 일을 잘하는 '록스타'는 곧 승진을 하게 된다). 설거지 표와 같이 누가 일을 잘하는지가 투명하게 보이기 때문이다. 각자가 팀에 얼마나 기여하고 있는지를 스스로 잘 알기 때문에 사원들끼리 서로 경쟁하며 한계를 끌어올리는 구조가 된다.

한때는 매니지먼트 방식이나 프로세스는 그저 허울이고 결국 개개인의 능력이나 의지가 생산성을 좌우한다고 생각한 적도 있었는데, 아마존에 스크럼이 도입되고 업무가 이전과 비교할 수 없이 효율적으로 진행되는 것을 보면서 왜 프로세스가 중요한지를 몸소 체험했다. 아마존을 나온 지 몇 년이 지났지만 여전히 내 사무실 벽에는 포스트잇이 정렬되어 붙어 있다.

사내 이직을
독려하는 회사

누구나 가슴에 사표 하나쯤은 있잖아요

직장인은 누구나 가슴에 사표 하나쯤은 품고 산다는 말이 있다. 말은 그렇게 해도 하루하루 견디는 직장인들이 많지만 아마존 사원들은 실제로 언제든지 떠날 마음을 가지고 산다. '평생 직장'이라는 개념 자체가 없고 사원들 간에 끈끈한 정도 별로 없어서 상황과 조건에 따라 지체 없이 떠난다. 대부분 사원들에게 직장은 가족 부양이나 개인의 커리어 패스와 같은 더 큰 가치를 위한 수단이자 상호 간의 이해관계로 잠시 머물고 있는 일터일 뿐이다. 그래서 동료들끼리 종종 서로에게 묻는다. "아마존에서 얼마나 더 일할 것 같아?" 그러면 많이들 이렇게 대답한다. "몰라. 일단 4년은 채워야지."

왜 하필 4년일까? 이는 입사 때 약속받은 아마존 주식을 100퍼센트 다 받는 시점이기 때문이다. 힘들게 뽑은 유능한 사원이 떠나는 것은 아마존 입장에서도 큰 손해다. "우리 회사는 너 없으면 안돼"와 같은 말 한마디가 퇴사하려는 사원의 마음을 돌리는 경우도 있겠지만, 아마존은 좀 더 합리적이고 현실적인 방법으로 사원들을 회사에 남도록 유도한다. '잡아두는 보너스'라는 의미의 리텐션 보너스retention bonus는 앞서 말한 대로 향후 몇 년 동안 받을 회사 주식을 약속하는 형태의 보너스다. 아마존 사원은 입사할 때 4년 동안 받게 될 주식을 약속받고 이후 매년 추가로 향후 2년 동안 받을 주식을 조금씩 약속받는다. 이렇게 약속된 주식은 6개월 주기로 받게 되는데, 이러한 형태의 보너스가 사원들로 하여금 '그래, 나가더라도 다음 보너스 받고 나가자'라는 생각을 하게 만드는 것이다. 특히 아마존 주식이 계속 올라가는 상황에서는 수령 금액이 올라가게 되어 이 리텐션 보너스가 더욱 효과를 발휘한다.

이렇듯 아마존에서 회사와 사원의 관계는 철저한 기브 앤드 테이크 관계다. 사원은 아마존이 필요로 하는 노동력과 생산성을 제공하고, 아마존은 이에 합당한 대가를 지불한다. 어느 한쪽이라도 계약을 어기면 이 관계는 깨진다. 사원이 아마존이 기대하는 수준의 일을 하지 않으면 아마존은 해고를 하든지, 아니면 회사 차원에서 제공하는 PIP Performance Improvement Plan라고 부르는 생산성 향상을 위한 연수 과정을 듣도록 한다. 이는 수치스러운 일이라고 느껴질 수 있기 때문에 연수를 듣기 전에 스스로 회사를 그만두는 경우도 많다. 냉정하게 보자면 아마존 입장에서는 개발자가 연수 과정을 통해 생산성이 올라가면 좋고 일 안 하는 사원이 스스로 떠나는 것도 손해 보는 일이 아니다.

사원 또한 자신이 제대로 대우를 받지 않는다고 생각하거나 일이 마음에 들지 않으면 언제든지 떠난다. 높은 연봉을 목표로 떠나는 이도 있고, 아마존의 경쟁적 문화에 신물이 난 나머지 워라밸을 고려해 낮은 연봉에도 좀 더 일하기 편한 회사로 가기도 한다. 물론 스타트업에 도전하는 열정적인 사람도 적지 않다. 이 모든 것은 미국, 특히 IT 업계의 높은 노동 유연성 때문에 가능한 일이다.

사내 이직 제도와 부메랑

아마존에는 사내 이직이 제도화되어 있다. 다른 회사로 떠나지 말고 차라리 아마존의 다른 부서로 옮길 수 있도록 돕는 것이다. 내가 처음 사내 이직을 고려한 것은 입사 후 4년 정도가 지났을 때다. 그때까지는 아마존의 척추라고 할 수 있는 이커머스 관련 부서에서 일을 해오고 있었는데 앞으로의 진로에 대해 여러모로 생각이 많아지는 시기였다. 하던 일도 점차 지겨워졌고 팀 내에서 책임이 커지는 것도 부담스러웠다. 한 번의 승진 후에는 단기적 목표도 희미해졌고 유능한 사람들이 팀에 많이 들어오면서 굳이 그들과 경쟁하는 것도 피곤했다. 특별히 실력이 좋은 것도 아니었고, 언어도 모국어가 아닌 터라 더욱 그랬다.

그러던 중 아마존의 사내 이직 제도를 알게 되었고 회사 차원에서 이 제도를 장려하고 있다는 것에 놀랐다. 제도에 따르면 사원은 소속 팀에서 최소 1년을 일하고 나면 언제든지 아마존 내 다른 부서의 매니저와 이야기를 나눌 수 있었다. 이때 내가 속한 팀원이나 상사에게 이 같은 사실을 알릴 필요가 없다. 다른 부서의 매니저와 이야기를 나누면서 그 팀에 지원하고자 마음을 먹으면 그때 이야기를 하면 된다. 동시에 세 개 부서까지 접촉하여 지원하는 것도 허용된다. 다만 사내 이직 시에는 입사 때와 비슷한 면접 과정을 밟는다. 사실 이 부분이 처음에는 나에게도 큰 부담이었다. 면접을 망치면 새로운 부서에 못 가는 것은 물론 현재 부서에 있기도 애매한 난감한 상황이 될 것 같았기 때문이다. 지나고 보니 이 부분은 크게 걱정할 게 아니었다. 행여 불합격한다 해도 지속적으로 다른 부서에 합격이 될 때까지 지원하는 것이 가능하기 때문이다.

당시 내가 지원한 부서는 아마존의 전자책 킨들 관련 부서였다.

같은 아마존이지만 이커머스와 킨들 부서는 사람도 건물도 전혀 달랐고, 전 세계의 이목을 받는 새로운 제품 개발에 참여한다는 것이 다시금 내 가슴을 뛰게 만들었다. 비록 테스트용품이지만 킨들도 받아 사용할 수 있어서 사내 이직 제도에 따라 지원했고 다행히 합격되었다. 과정 중에 또 하나 놀랐던 것은 기존 부서의 매니저와 팀원들의 태도였다. 사실 내가 하던 많은 일을 남겨두고 팀을 떠나는 것에 일종의 죄책감을 가지고 있었는데 팀원들은 진심으로 축하해주었고 매니저 또한 이 과정 동안 큰 배려와 도움을 주었다. 후에 알게 되었지만 아마존에서는 회사 규정으로 사원이 사내 이직을 희망할 시에 매니저가 적극 도와야 한다고 명시되어 있다. 그리고 워낙 들어오고 나가는 사람이 많은 터라 아마존은 그 흐름을 막기보다는 사람이 바뀌어도 큰 문제가 없는 시스템을 구축하는 데 더 노력한다.

사내 이직을 할 때는 같은 직급의 같은 포지션으로 평행 이동을 하는 것이 일반적이다. 하지만 만일 다른 포지션으로 진로를 변경하고 싶다면 그 또한 얼마든지 가능하다. 결과적으로 나는 아마존에서 12년 동안 총 8개의 부서와 5개의 직종을 경험했다. 테스팅 개발자, 일반 개발자, 모바일 앱 개발자는 사실 초록이 동색인 면이 없지 않지만 후에 맡았던 마케팅 경영 분석가나 비즈니스 인텔리전스 엔지니어는 완전히 새로운 직종이다. 직종 변경은 사내 이직 제도와 같이 회사 차원에서 제도화되어 있지는 않지만 아마존도 결국 사람들의 집단이라 뜻만 있다면 길은 언제든지 있다는 것을 수차례 경험했다. 내 경험상 가장 좋은 방법은 미리 상사에게 변경하고 싶은 직종을 상의하고 팀 내에 필요가 있을 때 3개월 정도 임시로 그 일을 맡아서 해보는 것이다.

또한 아마존에는 '부메랑'이라는 말도 있다. 아마존을 떠났다가 다시 돌아온 사원들을 일컫는 말인데 내 기존 상식과는 달리 부정적인 뉘앙스는 아니다. 오히려 사원들 간에는 경쟁도 심하고 승진도 어려운 아마존에 계속 있는 것보다는 좀 더 규모가 작은 회사로 직급을 올려서 나갔다가 다시 아마존으로 돌아오는 것이 유리하다고 생각하는 경우가 많을 정도다. 아마존 입장에서도 어찌 되었건 아마존의 문화도 알고 또 다른 회사 경험도 있는 이들이 회사에 도움이 되기 때문에 적극 다시 영입하려고 노력한다.

내가 마지막으로 있던 아마존 로컬 팀의 수장이던 마크는 원래 아마존에서 과장급으로 있다가 시애틀 소재 부동산 스타트업인 질로Zillow의 임원으로 고용되면서 아마존을 떠났었다. 그리고 몇 년 뒤에 다시 임원급으로 아마존에 돌아온 것이다. 이런 식으로 나갔다가 다시 오는 사원들이 아마존에 굉장히 많고 심지어 몇 차례 나갔다 왔다를 반복하기도 한다. 하지만 그들을 부정적인 시선으로 보는 사람은 거의 없다. 어떻게 보면 참 회사와 사원 간에 의리나 정은 없지만 아마존을 성장시킨 요인들은 그런 인간적 끈끈함은 아닌 듯하다. 아마존의 문은 능력 있는 자들에게 언제나 열려 있다.

—

정글에서 터득한 생존법

—

그림과 숫자는
만국 공통어다

도해 그리기가 가져온 변화

아마존닷컴은 직원 각자가 스스로 살아남아야 한다는 면에서 실제 아마존 정글과 닮았다. 영어도 부족하고 특별히 똑똑한 편도 아닌 내가 혹독하기로 소문난 아마존에서 오래 지내다 보니 내 나름의 생존을 위해 일하는 방법을 자연스럽게 터득하게 되었다. 이렇게 쌓인 노하우는 아마존 내 개발팀, 마케팅팀, 분석팀 등의 여러 부서에서는 물론이고 사업을 하는 오늘까지도 매일 활용하고 있다. 시간이 지나 돌아보니 내가 일하는 방법은 겉치레 없이 본질과 효율을 중시하는 아마존의 성향과도 많이 닮아 있었다.

하나의 일을 잘 처리하기 위해 우선 필요한 것은 깊고 정확한 이해다. 해결해야 하는 일에 대한 이해가 부족하면 자칫 열심히 다른 산을 오르는 참사가 일어날 수 있다. 여럿이 함께 일하는 경우에는 결과물이 계획과 다를 때 오히려 팀에 해가 될 수 있기 때문이다. 아마존에서 처음 일할 때는 어려움이 참 많았다. 회사 내에 쓰이는 영어는 대학 교수의 친절한 강의나 영어 책과는 사뭇 달랐기 때문이다. 경력 있는 직원들끼리 이미 알고 있는 내용을 토대로 어려운 전문용어와 약자를 써서 이야기하기 때문에 종종 회의 내용을 반도 알아듣지 못하기 일쑤였다. 게다가 속어 섞인 농담도 많이 하고 형식적 표현보다는 재미있는 비즈니스 숙어를 많이 쓰는 분위기라 더욱 그랬다. 단어 하나하나는 아는데 연결해서 말하는 것의 의미는 알 수 없는 경우가 많았던 것이다. 예를 들어 '대략'이라는 뜻의 'approximately'와 비슷한 의미를 가진 숙어가 자그마치 50가지 이상 존재한다(그중 '던진 공이 야구장에 들어갈 정도'라는 뜻의 'in the ballpark' 라는 표현도 자주 사용하는데 처음 들었을 때는 전혀 감도 잡지 못했다).

못 알아들은 내용을 정확히 이해하기 위해 끊임없이 머릿속으로 퍼즐 맞추기를 하고 노트북으로 실시간 검색을 하기도 했다. 하지만 검색해도 찾을 수 없는 내용이 많았기 때문에 충분히 이해하지 못한 부분들은 어쩔 수 없이 개인적으로 사람들에게 물어봐야 했다. 그러나 여기서도 문제가 발생했다. 나를 위해 있는 선생님이 아니기 때문에 일일이 친절하게 설명해주지 않는 경우가 많았던 것이다. 더군다나 당시에는 멘토링 시스템도 존재하질 않았다. 몇 번이고 다시 물어보는 것도 한계가 있어서 어쩔 수 없이 부족한 이해를 가지고 일을 시작하면 후에 말썽이 생겼고 이해력, 능력, 소통에 모두 문제가 있는 사원이 되고 말았다.

이런 어려움을 타개하기 위해 시작한 것이 도해 그리기다. 아마존의 각 시스템은 굉장히 복잡해서 말로는 설명을 들어도 이해가 힘들고 금방 잊어버리기 일쑤였다. 그래서 시간을 들여 우선 A4 용지 위에 관련 문서들을 참고하여 내가 이해하는 내용을 그리기 시작했다. 도해라고 해도 딱히 거창한 것은 아니고 대부분 수많은 도형과 화살표로 구성된 것이 전부였다. 각 부분과 그들의 상관관계나 흐름을 한 장의 그림으로 나타내고, 모르는 곳은 빈칸이나 물음표로 표시해두었다. 그러고 나서 명확하지 않는 부분들을 물어보기 위해 사람들을 찾아다니며 점차 완성도를 높였다. 아무것도 없이 물어볼 때는 질문을 이해시키는 것도 힘들었는데 도해를 활용하면서 질문도 답도 효과적으로 주고받을 수 있게 되었다. 그러면서 완성된 도해를 잘 보이는 곳에 붙여두면 마치 보물지도를 손에 쥔 마냥 그렇게 든든할 수 가 없었다.

한 장의 그림이 가져다준 효과는 매우 컸다. 그림이 완성되는 과

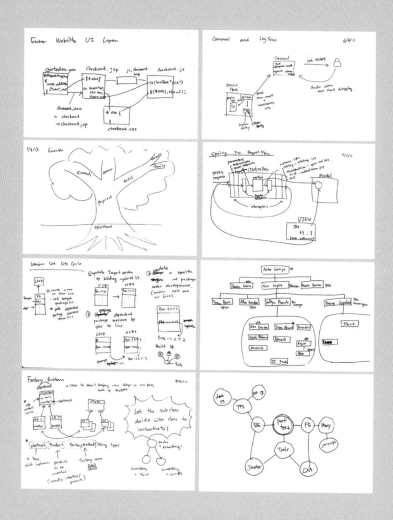

도해를 그리다 보면 내가 모르는 지점이 어디인지가 정확히 드러나고, 완성하고 나면 모든 퍼즐 조각들이 맞추어지는 쾌감을 경험할 수 있다.

정을 통해 내 머릿속에도 관련 일에 대한 명확한 이해가 채워졌고 차후에 부족한 이해나 오해로 인한 문제가 더 이상 생기지 않았다. 동료들 또한 내가 만든 그림을 자기에게도 필요하니 꼭 하나 보내달라고 부탁하기 시작했다. 자칫 반복적으로 질문만 하는 무능한 동료에서 팀에 큰 도움이 되는 사람이 된 것이다. 영어로 대화하는 것이 원어민처럼 쉽지 않아 커뮤니케이션이 항상 나의 단점이었는데, 그해 동료평가에서는 수많은 동료들이 효율적 커뮤니케이션을 나의 장점으로 꼽아주었다. 그 후부터 모르는 것을 누군가에게 물어볼 때는 무턱대고 묻지 않고 일단 내가 이해하는 것을 그림으로 그려서 그것이 맞는지 물어보는 습관이 생겼다. 그리고 니시무라 가쓰미西村克己의《그림으로 디자인하는 생각정리 업무기술》같은 책과 마인드맵, UMLUniversal Modeling Language(통합 모델링 언어) 관련 책들도 참고하면서 점차 생각을 그림으로 정리하는 데 익숙해졌다. 이후로 내가 가진 노트에는 내가 잘 이해하지 못했던 주제나 영역에 관한 나만의 도해들이 한 장씩 채워졌다.

이처럼 복잡한 내용을 도해나 도표 등으로 시각화하는 것은 학습과 정보 전달에 대단히 효율적이다. 우선 이를 완성하는 과정에서 내가 어느 부분을 정확히 이해하지 못하는지가 명확하게 드러난다. 하나의 도해를 만들려면 온전한 지식이 필요하기 때문이다(이는 흡사 아마존이 사원들로 하여금 6페이지를 작성하게 하는 이유와도 닮아 있다). '공부를 잘하는 법'은 모르겠지만 내가 아는 한 확실히 '공부를 못하는 법'은 모르는 것을 안다고 착각하는 것이다. 도해 그리기는 내가 모르는 것을 스스로에게 정확하게 알려주고 한 단계씩 미지의 영역을 줄여 나가도록 도와주는 좋은 방법이다.

또 정확한 정보 전달에도 시각화는 필수적이다. 우리 뇌는 정보를 글이 아닌 이미지로 저장하기 때문에 시각화된 정보는 중간에 '말'이라는 자칫 오해를 불러일으키는 통역 단계 없이 빠르고 정확하게 공유된다. 예를 들어 목격자에게 말로만 범인의 생김새를 설명하라고 하는 것과 사진을 보여주고 맞는 사람인지 확인하는 것에는 큰 차이가 있다. 말과 글은 감성이 중시되어 같은 의미라도 되도록 다양한 단어를 풍부하게 사용하는 것이 미덕으로 여겨진다. 문제는 이 같은 점이 정보 전달이라는 목적에는 종종 부합하지 않는다는 것이다. 반면 도해에서는 정확한 의미 전달을 위해 같은 표현은 항상 동일한 단어와 부호, 그리고 만국 공통어인 숫자를 쓰는 것이 권장된다. '대략'을 위한 50가지의 다양한 표현에 익숙하지 않아도 물결표(~) 하나로 모든 것이 해결되는 것이다.

데이터 시각화의 예술

이러한 도해의 매력과 장점은 이후 내가 경영 분석가로 직종을 옮기는 데에도 한몫을 했다. 아마존의 경영 분석가는 글과 문서보다는 데이터와 차트를 다루는 직종이기 때문이다. 당시 속했던 아마존 로컬 팀이 수집하는 방대한 데이터의 광산에서 경영에 도움이 될 정보를 캐고 분석하고 시각화하여 전달하는 것이 나의 중요한 업무 중 하나였다. 하루는 출근해보니 부서에 비상이 걸려 있었다. 가장 중요하게 생각하는 경영지표 중 하나인 전환율conversion rate(방문자 대비 구매자 비율)이 하루 사이에 급락한 것이다. 다시 말해 방문자 수는 비슷한데 구매자 수가 현저하게 줄어버린 상황이었다. 나는 실시간 데이터 시각화 및 분석 툴인 태블로Tableau를 사용해 문제 원인을 분석하기 시작했고 데이터 시각화 유형 중 하나인 트리맵Treemap을 통해 정확한 원인을 금세 알아낼 수 있었다.

트리맵은 두 가지 지표를 네모의 크기와 색상을 이용해서 시각화해준다. 우리가 판매하는 상품들 중 방문자가 많을수록 네모의 크기가 크고 구매자의 수가 많을수록 초록색으로 보이도록 설정하고 트리맵을 띄우니 가장 큰 세 개의 네모들 색상이 붉은색으로 표시된 것을 확인할 수 있었다. 잘 팔리지 않는 세 가지 상품 페이지로 수많은 방문객들이 몰리는 상황이었다. 한 단계 깊게 정보를 살펴보니 메인 페이지와 광고들이 이미 완판이 된 상품의 페이지로 방문객들을 보내고 있었다. 부사장을 내 모니터 앞으로 데려와서 사실을 알려주자 곧 적절한 조치가 실행되었다. 살면서 'You are a genius'라는 칭찬을 받아본 적이 거의 없었는데 그날 들었던 칭찬은 온전히 시각화된 데이터 덕분이었다.

포스트잇 한 장의
마법

1분의 계획이 하루를 좌우한다

신기하게도 수많은 개발자들이 아무리 많은 일을 끝내고 자동화를 시켜도 아마존의 일은 한시도 줄어든 적이 없다. 이는 아마도 베조스 회장이 안주하는 법이 없이 알렉산드로스 대왕마냥 사업을 확장하기 때문일 것이다. 그 덕분에 내 책상에도 깔끔하게 마무리 짓지 못한 일들이 쌓여갔고, 어느 시점부터 내 삶의 고삐를 아마존에 내주고 말았다. 일에 치여 끌려 다니기 시작하자 언제나 체한 사람처럼 가슴이 답답했고 두통이 있는 날도 잦았다. 다행히 이런 현상은 스크럼 프로세스가 도입되면서 크게 개선되었다. 스크럼은 계획 단계와 실행 단계를 확실히 구분하고 각 개발자가 하루에 하나의 일에 집중할 수 있게 해주었고, 이는 정리되지 않은 상황에서 비롯되는 스트레스를 대폭 줄여주는 동시에 생산성도 향상시켰다.

돌이켜보면 중학생 시절부터 시험공부를 시작할 때 언제나 과목별로 세세한 공부 계획부터 세운 기억이 있다. 제대로 실행도 되지 않는 유명무실한 계획이었지만 시험을 생각하면 답답하던 가슴이 계획을 세우는 것만으로 한결 가벼워지는 것을 그때부터 느꼈기 때문일 것이다. '많은 일들을 스트레스 받지 않고 잘 끝내려면 어떻게 해야 할까?' 이 고민을 시작한 무렵은 그때 즈음인 듯하다.

이런 성향이 이어져 대학 입학 직전에 교보문고에서 처음 구입했던 프랭클린 플래너Franklin Planner는 졸업 후 아마존에 근무할 때까지 항상 내 책상 위에 놓여 있었다. 중간에 플래너를 한 차례 잃어버렸을 때는 관련 분야에서 투톱으로 꼽히는 GTDGetting Things Done 플래너를 한동안 쓰기도 했다. 10년은 자기사명서에 의거한 목표로부터 하루의 일을 정하는 톱다운top-down 방식의 프랭클린 방식을, 또 나머지 10년은 머릿속에 떠오르는 것들을 먼저 처리하는 보텀업bottom-up 방식의 GTD를 내 나름대로 열심히 시도했지만 언제나할 일은 밀리기 일쑤였고 계획에 따라 온전히 하루를 산 날은 손에 꼽을 정도였다.

아마존의 빡빡한 업무는 물론이고 아이들이 생기고 또 사업까지 병행하다 보니 이런 현상은 더욱 심해졌다. 한 과목만 공부하면 시험을 잘 볼 텐데 언제나 인생은 동시에 여러 과목을 요구해서 나를 한계 상황으로 몰아넣곤 했다. 특히 어떤 날은 아침에 자리에 앉으면 머리에 여러 개의 못이 박혀 있는 것 같은 때도 있었다. 그 수는 내가 처리해야 할 일들의 숫자와 일치했다. 문제는 그것들이 너무 하기 싫다는 것, 그리고 그렇게 아무것도 안 하고 있을수록 더 머리는 조여오고 가슴은 답답해졌다. 예전 어느 스타 강사가 학부모들을 상대로 한 강연에서 했던 말이 떠오른다. "어머니들이 많이 착각하시는데 공부는 힘든 게 아니에요. 공부하기 싫다고 생각하면서 앉아 있는 게 힘든 거죠."

스크럼 프로세스를 통해 많은 일들이 깔끔하고 질서 있게 처리되는 것을 경험하고는 이를 내 개인의 시간 관리에도 적용하기 시작했다. 우선 눈을 잠시 감았다가 긴 숨을 한번 쉬고 일단 생각나는 대로 해야 할 일 목록을 포스트잇에 써 내려간다. 기존에 시도했던 방식들에 스크럼 프로세스까지 융합되면서 진화된 나의 방식은 더 복잡해지기보다는 점차 거품기가 빠져 최소화되었다. 나는 더 이상 플래너는 쓰지 않는다. 그렇다고 범람하는 스마트폰 앱을 쓰는 것도 아니다. 난 아직 접착력이 있는 작은 정사각형의 종이와 펜보다 좋은 도구를 찾지 못했다. 《윤광준의 생활명품》에도 소

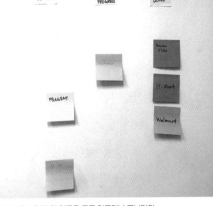

오늘도 내가 일하는 작은 사무실에는 여러 가지 포스트잇이 붙어 있다. 오늘 해야 할 일들은 주로 컴퓨터나 모니터의 왼쪽 아래에 붙이고, 지금 하고 있는 일은 오른쪽 아래에 붙인다. 잘 보이는 곳에는 1년의 목표와 원칙이 붙어 있고, 벽면에는 프로젝트들이 붙어 있는 작은 스크럼 보드가 있다.

개되었던 고급 디스펜서에서 한 장을 뽑고 느낌이 좋은 펜을 꺼내 든다. 고급이라고 해봐야 만 원 정도의 작은 사치지만 좋은 그릇에 담긴 음식이 식욕을 돋우는 것과 같은 좋은 효과가 확실히 있다.

　우선 전날의 포스트잇에서 미처 끝내지 못한 주요 업무들을 옮겨 적고 나면 오늘 새로이 처리할 일들을 추가하는데, 이때 나는 내 몸이 주는 신호를 믿는다. 굳이 복잡한 방법에 맞춰 하나하나 따지지 않아도 급하고 중요한 일은 머릿속의 못과 같이 뽑아달라고 스스로 이야기하기 때문이다. '정리 여왕' 곤도 마리에近藤麻理惠는 《인생이 빛나는 정리의 마법》에서 버릴 물건과 소장할 물건을 분류하는 기준으로 '나에게 기쁨을 주는가?'라는 주관적이고 감정적인 가이드라인을 제시했는데 나에게 이런 접근 방식은 다소 혁신적으로 다가왔다. 우리는 논리적이고 보편적으로 설명이 가능한 좌뇌 중심의 해결 방식에 너무 익숙해져 있었던 것은 아닐까? 정리·정돈과 마찬가지로 해야 할 일의 우선순위를 정하는 것은 지극히 주관적인 영역이고, 우리의 직관과 감정은 훌륭한 기준이 된다.

이렇게 떠오르는 대로 오늘 실행 가능한 일은 포스트잇에 적고 다른 날에 해야 하는 일은 곧바로 휴대폰의 미리알림 기능을 이용하여 입력해둔다. 무엇보다 이 과정을 통해 해야 할 일들이 지속적으로 떠오르지 않도록 머릿속에서 지우는 것이 중요하다. 떠오르는 일들을 써 나가는 중간중간 고개를 들어 흘깃 앞을 쳐다보면 다섯 가지 큼직한 목표가 눈에 들어온다. 이는 사명서에 따라 새해에 작성하고 필요할 때 조금씩 수정되는 소위 연간 목표들이다. 이들은 자칫 매일 해야 하는 일에 치여 정작 중요한 삶의 목적과 방향을 잃지 않게 해주는 이정표 기능을 한다. 또한 목표는 측정 가능해야 한다는 아마존의 가이드라인을 적용해서 최대한 수치화해두었다. 예를 들어 '건강' 같은 추상적 목표보다는 목표 몸무게와 체지방이 적혀 있다. 이에 따라 오늘 해야 할 '점심 샐러드', '3분 플랭크' 같은 일들이 목록에 적힌다. 자연스레 급하게 처리해야 하는 일들과 연간 목표가 반영된 일들이 섞여 자리를 잡았다.

무질서한 사고들이 물질이 되어 한 장의 작은 종이 위의 잉크로 내려앉는 데는 채 1분도 걸리지 않았지만 한결 마음이 차분해지는 걸 느낀다. 체크 표시를 할 수 있도록 작고 반듯한 네모를 각 목록의 앞에 그려넣는 것 또한 나에게는 처리하고 싶은 욕구를 더욱 불러일으키는 작은 마법이다. 하늘이 두 쪽이 나도 오늘 반드시 해야 할 급하고 중요한 것들에 별표를 하는 것도 잊지 않았다. 문제는 이런 일일수록 하기가 싫다는 것이지만 한 가지 방법이 있다. 바로 더 크고 미루고 싶은 일 한두 개를 목록에 추가하는 것이다. 예를 들어 '창고 정리' 같은 것들을 써넣으면 상대적으로 아까 하기 싫던 녀석들이 꽤나 만만해 보이기 시작한다. 공부하기 전에 평소에 안 하던 청소를 해본 사람들은 공감할 만한 꼼수인데, 이는 스탠퍼드대학의 존 페리 교수에 의해 심리학적으로도 증명이 된 꽤 쓸 만한 방법이다.

완성된 포스트잇은 컴퓨터 모니터 근처와 같이 잘 보이는 곳에 붙여둔다. 이렇게 오늘의 오브젝티브objectives(목표)가 명확해지면서 하루의 스프린트sprint(스크럼의 주기)가 시작되었다. 목표는 적혀진 목록과 함께 끊임없이 증가하는 엔트로피entropy들을 처치하는 것이고, 보상은 생산물과 더불어 느끼게 되는 상쾌함과 성취감이다. 별표 친 녀석들을 다 처리하면 최소한 합격이고, 최대 점수는 목록을 다 처리하면 얻을 수 있다. 미처 마치지 못한 업무들은 다음 날의 목록에 자연스럽게 오르게 되니 큰 문제는 아니지만 스크럼과 마찬가지로 왜 일들을 모두 처리하지 못했는지를 회고하고 반복적으로 개선하는 과정이 꼭 필요하다. 적더라도 지킬 수 있는 양으로 하루의 업무를 맞추어 끝마치면 매일을 실패가 아닌 작은 성취의 연속으로 만들 수 있다. 이렇게 아침에 가장 먼저 최소한의 시간과 노력으로 할 일을 계획하고 나머지 시간에는 무엇을 할지가 아니라 어떻게 할지에 집중하기 시작하자 스트레스는 줄어들고 생산성은 높아졌다. 이렇게 시작된 습관은 아마존을 떠난 지금까지도 매일 지속되고 있다.

제국의 확장

내가 일하던 당시 아마존은 빅 4The Big Four로 함께 불리는 구글, 페이스북, 애플 중에서 시가총액이 가장 낮았다. 또 경쟁적 업무 환경 때문에 아마존에서 구글이나 페이스북으로 이직하는 사람들에 비해 거꾸로 아마존으로 오는 경우는 비교적 적었다. 이는 냉정하게 말해 당시의 아마존이 구글과 페이스북보다 사원 수준이 더 높았다고 보기 힘들다는 이야기다. 하지만 시간이 지나면서 아마존은 기존의 이커머스뿐 아니라 마켓 플레이스, 클라우드 컴퓨팅, 디지털 콘텐츠, 사물인터넷 등 여러 혁신 영역에서 지속적으로 마켓 리더로 입지를 확장하며 구글과 페이스북을 다방면에서 추월했다.

전쟁으로 비유하자면 구글이나 페이스북의 전력이 아마존보다 높았다. 그런데 어떻게 아마존은 그들보다 유리한 고지를 선점할 수 있었을까? 나는 이에 대한 답으로 베조스 회장으로부터 비롯되는 명확한 방향성과 다른 두 회사보다 톱다운 방식이 많이 적용된 경영 방식을 꼽고 싶다. 킨들팀에 있을 때 우리 팀이 맡았던 일 중

많은 부분들이 다소 불필요하다고 생각한 적이 있다. 당시 킨들은 그저 이북 리더였기 때문에 전자책만 생각하면 쉽게 끝날 일이었는데 지나칠 정도로 다른 확장성을 미리 고려해서 몇 배로 힘든 작업들을 해야 했던 것이다. 마치 현재의 교통량을 생각하면 2차선 도로도 충분한데 8차선 도로에 고가도로까지 만드는 식이었다. 그런데 이후 킨들 파이어(아마존의 태블릿 PC)가 곧 출시되고 전자책뿐 아니라 음원, 만화, 드라마, 영화 등 여러 디지털 콘텐츠의 플랫폼으로 확장되면서 모든 것이 설명되기 시작했다. 내가 미처 다 알지 못했을 뿐 아마존의 각 팀들은 커다란 비행기의 각 부분과 같이 하나의 비전을 향해 연결되어 있다는 것을 알게 된 계기였다. 이러한 큰 그림의 조종석에는 베조스 회장을 비롯한 S팀S-Team이라 불리는 경험 많은 천재들이 자리 잡고 있다.

결국 아마존은 페이스북과 구글은 물론 마이크로소프트와 애플을 제치고 2019년 1월 8일 세계에서 가장 큰 기업으로 등극했다. 아마존의 각 팀은 베조스 회장의 강력한 비전과 리더십 아래 스크럼 프로세스를 통해 당장의 중요한 일들을 처리해 나간다. 명확한 방향성을 가지고 다 함께 아마존이 그리는 큰 그림을 조금씩 완성해 나아가고 있는 것이다. 계획과 실행을 구분하고 방향성을 잃지 않는 동시에 당장의 할 일들을 빠르게 처리하는 것. 거대한 제국이 거침없이 확장하고 있는 이유이자 내가 닮고자 하는 아마존의 방식이다.

대화기록방식
일처리

1994 더하기 25는 머릿속으로 바로 할 수 있지만 1994 나누기 25는 힘들다(참고로 1994년은 아마존이 창립한 해다). 아마존에서 내가 매일 마주한 업무는 대부분 바로 할 수 있는 덧셈의 반복이 아닌 수많은 단계가 필요한 복잡한 일들이었다. 개발자로서 새로운 프로그램을 만들거나 문제를 찾아내서 고치는 일은 물론 마케팅부에서

고객이 다시 찾아오도록 전략을 세우는 일과 경영 분석을 하면서 수많은 데이터 속에서 의미를 찾아 기획안을 작성하는 일 모두가 그랬다.

생각해보면 살면서 수많은 일들을 처리해왔지만 그 누구에게도 정작 일을 잘하는 방법을 배운 기억은 없다. 그래서 아마존에서 내 나름의 방식으로 근근이 일을 처리하면서 '더 효율적으로 일하는 법이 있지 않을까?'를 많이 고민했고, 책에서 그 도움을 찾기도 했다. 초창기에는 케리 글리슨Kerry Gleeson의《왠지 일이 잘 풀리는 사람들의 습관》이나 니시무라 아키라西村昻의《CEO의 다이어리엔 뭔가 비밀이 있다》에 영향을 받기도 하고, 이후에는 데이비드 앨런David Allen의《쏟아지는 일 완벽하게 해내는 법Getting Things Done》일명 GTD 방식을 적용하기도 했다. 이런 다양한 방식들을 온전히 내 것으로 만들지는 못했지만 여러 종류의 일을 하면서 내 나름대로 형성된 방식에는 이런저런 다양한 방법론들이 조금씩 묻어난다.

비즈니스 인텔리전스 일을 본격적으로 시작한 뒤 맡은 업무 중 하나는 실시간으로 업데이트가 되는 경영 상황판을 만드는 일이었다. 완성이 되면 임원들과 권한이 있는 누구나 해당 웹페이지에서 제품별 판매 현황은 물론 어느 판매 채널을 통해 구매가 이루어졌는지까지 알 수 있도록 하는 것이 목표였다. 목적이 명료한 결과물과 달리 이 작업은 중간에 수많은 복잡한 단계를 거쳐야 했다.

먼저 어마어마한 데이터의 광산에서 필요한 정보들을 캐내는 작업이 필요했다. 이를 위해 SQL(데이터베이스 관리 프로그램)이라는 언어를 써야 했는데, 이 SQL은 일반 프로그래밍 언어와는 구조와 성격이 많이 달라서 초반에 매우 애를 먹었다. 간단한 SQL 코드의 경우에는 세 줄 만에 끝나기도 하는데 이때 써야 했던 코드는 200줄이 넘었다. 이렇게 복잡한 코드를 쓰는 과정은 또다시 여러 가지 중간 과정을 필요로 했다. 그리고 문제는 여기서 끝나지 않았다. 어렵사리 코드를 완성해서 데이터를 뽑아 실제 수치와 비교해보니 정확하게 일치하지 않았던 것이다. 어디가 잘못되었는지를 정확히 찾는 일은 흡사 미제 사건의 범인을 찾는 과정과도 같았다. 가설을 세우고 확인하고, 실패하면 새로운 가설을 세우고 확인하는 작업을 원인을 찾을 때까지 반복해야 했다.

이런 식으로 하나의 작업이 한 줄로 정해진 순서에 따라 처리되는 것이 아니라 자꾸 중간에 곁다리로 새로운 문제가 생기다 보면 머릿속은 뒤죽박죽이 되고 업무 스트레스는 가중되었다. 게다가 워낙 데이터가 방대하다 보니 한번 SQL 코드를 실행하면 몇 분이 걸리곤 했는데, 기다리는 시간 동안 잠깐 다른 업무를 처리하고 나면 '가만, 내가 지금 뭘 하고 있던 거지?' 하는 생각이 들면서 길을 잃기도 하고 전에 해결했던 문제가 또다시 반복되었다. 이유와 해결책이 기억나지 않아 수차례 제자리걸음을 한 것이다.

이런 일들을 많이 겪으면서 스트레스는 줄이고 효율적으로 일하기 위해 적용하게 된 나의 방식은 대화식으로 기록하면서 일하는 것이다. 이를 위해 내가 항상 하는 행동은 우선 새로운 문서를 하나 만드는 것이다. 새 문서를 만들 때 규칙을 가지고 제목을 지으면 후에 검색할 때 시간을 아낄 수 있다. 정리·정돈을 잘할거라고 생각할지도 모르겠지만 전혀 그렇지 않다. 오히려 클라우드에 문서를 저장해놓으면 키워드 몇 개로 언제 어디서나 원하는 문서를 찾을 수 있어서 나같이 정리를 잘 못하는 사람에게 편리하다. 그리고 언제나 문서의 가장 윗줄에는 '목표'를 한 줄로 명확하게 쓰고 다음 줄에는 이를 달성하기 위해 취해야 하는 더 구체적인 단계들을 보통 4~6개가량 순서대로 쓴다. 이렇게 글로 목표와 단계를 쓰는 것은 내비게이션에 목적지를 입력한 것과 같다. 경험상 이렇게 목표와 단계를 쓰고 나서 그 일을 해내지 못한 적은 거의 없다. 목표를 글로 쓸 때 비물질 세계의 연기 같은 추상이 비로소 현실 세계로 건너와 나의 무의식의 안내자가 되는 듯하다. 어쩌면 글로 적힌 목표는 내 머릿속의 생각을 꺼내어 현실화시켜주는 SQL과 같은 코드인지도 모른다.

하나의 질문, 하나의 답

이때부터 내가 일을 진행하는 방식은 단계에 따라 묻고 그에 대한 답을 하는 단순한 과정의 반복이다(일의 성격에 따라 질문과 답 대신에 지시와 행동인 경우도 있다). 여기서 중요한 것은 한 번에 하나의 작은 질문이나 지시를 하고 그것을 해결하는 것에만 집중하는 것이다. 우리 머릿속은 한 번에 두 가지 질문에 대한 답을 찾을 때 복잡해지고 스트레스를 받는다. 단순한 덧셈과 뺄셈도 우리는 동시에 할 수 없고 그럴 필요도 없다. 하나의 질문에 대한 답을 찾는 것은 아주 작은 한 걸음만큼의 일을 하는 과정이다. 질문은 '이제 뭘 해야 하지?'같이 아주 바보 같고 단순해도 좋다. 스스로에게 하는 질문이니 아무런 거리낌 없이 편하게 질문하고 그에 대한 답을 하기를 반복한다. 그리고 이 대화 과정을 순차적으로 쭉 기입한다. 글이 있기 전에 말이 있었고 대화야말로 가장 원시적이고 자연스러운 말의 형태라서 이렇게 하면 물 흐르듯이 자연스럽게 일이 진행되는 것을 경험할 수 있다.

노란 고무 오리 모형에게 말을 하면서 버그를 고친다는 의미의 '러버 덕 디버깅rubber duck debugging'이라는 말을 알게 된 것은 한참 후의 일이다. 많은 개발자들이 이미 비슷한 방식을 사용하고 있었던 것이다. 또한 아마존에서도 개발자들이 문제를 해결할 때 워크 로그work log라고 불리는 업무 상황 기록을 실시간으로 남기도록 하여 문제가 해결되는 과정을 투명하게 공유하도록 하고 있다.

주로 개발 업무 때문에 생긴 습관이지만 10년 넘게 '신제품 출시'와 같은 사업 업무는 물론 '여행 계획'과 같은 개인적인 일도 같은 방식으로 처리하고 있다. 이 대화기록방식의 일처리가 좋은 이유는 크게 두 가지다. 하나는 한 번에 하나씩 일을 진행하기 때문에 스트레스를 받지 않고 일이 순차적으로 진행된다. 그리고 오염되지 않은 사고의 흐름이 기록으로 남아서 미래에 비슷한 일을 할 때 큰 도움이 된다. 예를 들어 나 같은 경우에 매년 세금 보고를 해야 하는데 1년마다 하다 보니 이전에 막혔던 곳에서 다시 막히는 경우가 있다. 이때 전년도에 작성한 문서를 보면 바로 해결된다.

나만의 경험과 노하우가 기록으로 쌓여간다는 것은 굉장한 자산이 아닐 수 없다. 일하던 팀에서 똑똑한 유대인이 한 명 있었다. 대학을 남들보다 몇 년 빨리 들어가는, 흔히 말하는 영재였다. 말은 또 어찌나 잘하는지 항상 회의를 주도하기도 하고 얄미울 정도로 일을 잘했다. 그렇다 보니 팀 내에서 주로 다른 이들이 그에게 모르는 것을 물어보고 도움을 받는 경우가 많았는데, 하루는 그 친구가 나한테 뭘 물어보러 온 적이 있었다. 알고 보니 이미 몇 년 전에 쓰인 프로그램을 업데이트하다가 어려운 문제가 생겼는데 원인을 찾지 못하는 상황이었다. 이미 여러 명에게 물어봤는데도 해결을 못한 터라 나에게도 특별히 기대는 하지 않는 눈치였다. 그런데 마침 당시 작업을 하면서 기록한 문서가 있었다. 문서에 적힌 흐름을 따라가면서 우리는 금세 큰 힌트를 찾을 수 있었고 어렵지 않게 문제를 해결할 수 있었다. 그가 자리에 돌아가면서 중얼거렸던 'very impressive'라는 두 단어는 아직도 기억에 남아 있다.

15분짜리 집중력으로
살아남기

오래 일할 수 없는 사람

중학교 때 살짝 허리를 다친 적이 있다. 그때부터 계속 허리가 불편했고 나중에 병원에 가서 정밀검사를 해보니 허리 디스크로 판명이 났다. 이 때문에 오래 앉아 있으면 허리에 통증이 와서 아마존에서는 주로 서서 일하는 책상에서 일했다. 게다가 집중도 오래 못하는 편이어서 15분 정도의 짧은 단위로 일하는 것에 익숙해졌다. 일하는 중간중간에는 걸으면서 생각을 정리하거나 장소를 옮겨 일하고 오곤 했다. 다행히 효율을 중시하는 아마존은 책상에 앉아 있는 시간보다는 생산성으로 평가하기 때문에 이런 패턴이 큰 문제가 되지 않았다.

다만 집중력 때문에 곤욕을 치른 기억은 사내 스타트업 콘테스트에 두 번째로 참가했을 때다. 당시에 사실 회사 일도 지치고 아이들도 어려서 에너지가 별로 없는 상태였는데 버리기 아까운 좋은 아이디어가 있어서 팀을 꾸리게 되었다. 3일 안으로 초기 버전의 결과물을 만드는 것을 목표로 실력이 좋은 동료 개발자, 데이터 사이언티스트, 디자이너, 거기에 글 잘 쓰는 에디터까지 스카우트했다. 아이디어는 아마존 고객들에게 재미있는 설문이나 성격 테스트 같은 문항들을 몇 개 풀도록 하고 그 결과를 취합하여 기계학습을 통해 더 나은 제품을 추천하도록 하는 것이었다. 다시 말하면 기존에 제품 구매 데이터에 크게 의존하던 아마존의 추천 알고리즘에 개인의 성향 같은 데이터를 추가하여 더 정확하고 개

아마존에는 높은 책상에서 일하는 직원들이 3분의 1 정도로 꽤 많다.

인적인 추천을 하도록 하는 것이 목표였다. 물론 이때 모든 고객의 데이터가 익명으로 섞여 활용되도록 하여 개인의 프라이버시에 문제가 없도록 했다.

아이디어도 좋고 팀도 최고였는데 문제는 나의 낮은 집중력과 에너지였다. 주어진 시간이 짧은 만큼 퇴근 이후에도 우리는 한방에 모여 일을 계속했는데 한 시간도 되지 않아 좀이 쑤셔서 더 이상 앉아 있기가 너무 힘들어진 것이다. 게다가 중간중간에 계속 발생하는 문제들은 안 그래도 없는 나의 인내심을 바닥으로 끌어내렸다. 내가 낸 아이디어에 내가 모은 팀이라 혼자 밖을 왔다 갔다 할 수도 없이 멍하게 있으면서 굳이 콘테스트에 왜 참가했을까 속으로 후회하기에 이르렀다. 결국 이러한 것이 영향을 준 탓인지 우리 팀의 출품작은 애초 기대에 크게 못 미쳤고 입상에도 실패했다.

아마존 개발자들 대부분은 한 번쯤 성공적인 IT 벤처 스타트업 창업을 꿈꾼다. 나도 아마존 초창기에는 고등학교 동창들과 팀을 꾸려 도전하기도 했고, 아직도 수첩 속에는 구현되지 못한 아이디어가 많이 있다. 하지만 이 경험 이후에 나는 IT 스타트업에 대한 생각을 많이 접은 상태다. 적어도 당시의 나에게는 더 이상 무언가를 밤낮으로 매달려서 집중할 힘이 없다는 것을 경험했기 때문이다. 오랜 시간 많은 이들과 열심히 일하는 것은 멋진 일이지만 나 말고 더 잘할 수 있는 다른 존경스러운 이들에게 맡기기로 했다.

그즈음부터 나는 '적은 시간 일하기'를 목표로 단순히 오랜 시간 일하는 것이 아니라 일처리에 있어서 짧은 시간과 높은 집중력을 추구하게 되었고, 이런 습관은 사업을 하는 지금까지 지속되고 있다. 사실 짧은 시간 한 가지에 깊이 몰입한 인간의 능력은 실로 대단하다. 명곡이 때론 15분 만에 탄생하기도 하고, 또 이 15분은 훈련된 사람에게는 속독으로 얇은 책 한 권을 읽을 수도 있는 시간이다. 대학 시절 카페인을 과다 섭취한 몽롱한 상태에서는 새벽이 되도록 안 써지던 에세이가 늦잠 후에 마감 시간이 코앞에 닥치자 놀라운 집중력으로 순식간에 술술 쓴 기억은 내가 이런 짧은 몰입의 힘을 믿게 된 오랜 경험 중 하나다. 그리고 이러한 경험은 아마존에서는 물론 회사를 운영하는 현재도 자주 하고 있다.

생각을 바꾸는 시간 15분

물론 오랜 시간이 걸리는 단순노동을 집중한다고 갑자기 10분의 1로 단축할 수는 없다. 그 대신에 '어떻게 하면 더 효율적으로 일할 수 있을까?'로 질문을 바꾸어 15분간 문제 해결을 위해 몰입하면 분명히 좋은 방안이 나올 것이라 믿는다. 이는 손을 대는 모든 영역에서 혁신의 아이콘이 된 아마존에서 수도 없이 목격한 현상이다. 그리고 문제를 정의하고 혁신적인 해결책을 찾는 작업은 우리를 더욱 인간답게 만든다. 우리가 로봇과 인공지능의 시대를 두려워하지 않아도 되는 이유이기도 하다.

아마존 입사 후 내가 처음 맡았던 일은 테스팅 자동화 업무였다. 기존에는 아마존 웹사이트가 업데이트될 때마다 일일이 사람이 페이지를 열고 버튼을 누르고 링크를 돌아다니면서 몇 시간 동안 문제가 없는지 확인해야 했던 작업을 온전히 자동화하는 것이 목표였다. 완성된 테스트 코드가 실행되면 자동으로 수많은 페이지의 모든 링크와 버튼을 순식간에 확인하면서 문제가 발견된 곳은 자동으로 보고서를 만들어서 이메일로 보내주었다. 이 모든 과정은 단 3분 정도밖에 걸리지 않았고, 테스트의 신뢰도는 기존에 사람이 하던 것에 비해 비약적으로 향상되었다. 이런 자동화는 결과적으로 기존 테스터들의 단순 업무를 줄였고, 그들은 더 창의적인 일을 할 수 있도록 독려되었다.

돌아보면 아마존에서 12년 동안 단순히 반복되는 일을 한 경험은 거의 없다. 직종에 상관없이 언제나 매일 새로운 문제가 주어졌고 그것을 해결하는 것의 반복이었다. '문제 해결'과 '모호함 다루기' 같은 능력이 아마존에서 가장 중요시되는 이유다. 이 같은 업무들은 TV를 보면서도 할 수 있는 마늘 까기 같은 일이 아니라 수학 문제를 푸는 것과 비슷하다. 어릴 적부터 수없이 풀어온 어려운 수학 문제들은 더 이상 필요가 없어진 지 오래지만 모르는 문제를 접하고 집중해서 풀었던 그 과정은 고스란히 우리 삶에 적용될 수 있다. 그 무의미해 보였던 수천수만의 시간들이 의미를 가지는 지점이다. 아무리 어려운 응용 문제라고 해도 수준에 맞고 풀이법에 접근이 가능하다면 15분 만에 풀 수 없는 경우는 거의 없을 것이다. 마찬가지로 문제를 정확히 글로 적고 그에 대한 답을 찾기 위해 집중하면 우리는 그리 길지 않은 시간 안에 대부분의 문제를 해결할 수 있다. 게다가 우리에게는 언제든지 접속 가능한 알렉산드리아 도서관인 인터넷이 있지 않은가.

집중은 습관이다

그럼 어떻게 하면 잡생각 없이 매번 최대한 집중할 수 있을까? 우선 습관과 의식을 통해 우리 몸의 감각들을 집중할 수 있는 상태로 만드는 것이 큰 도움이 된다. 달리기 선수가 딴짓을 하면서 달리는 것을 상상할 수 없듯이 이 시간에는 인터넷 서핑이나 채팅은 물론 가사가 있는 음악을 듣는 것도 적합하지 않다. 수영 선수들이 헤드폰을 끼고 경기장에 오는 것을 본 적이 있을 것이다. 이는 긴장하지 않고 최상의 컨디션과 집중력으로 수영하기 위한 의식이다. 선수들은 짧은 경기를 위해 수년 동안 항상 수영을 하기 전에 같은 음악을 듣고 같은 행동을 반복함으로써 몸이 습관적으로 집중할 수 있도록 훈련했다. 그 결과 반복된 행동을 취할 때 몸이 집중할 수 있는 상태로 들어간다는 것이 과학적으로 증명되었다.

따라서 방식 그 자체보다도 자신에게 맞는 집중을 위한 의식이 습관화되어 있는지가 중요하다. 나의 경우, 우선 포스트잇 마니아답게 또다시 한 장을 빼서 명료하게 목표를 적고 15분 후의 시각을 적는다. 이때 마음속으로 일의 결과를 시각화하면 큰 도움이 된다. 때때로 산책이나 커피 같은 작은 보상을 넣기도 한다. 그리고 가장 잘 보이는 곳에 붙이고는 15분짜리 모래시계를 뒤집는다. 집중이 잘 되어서 나도 모르게 15분 이상 일하게 되는 경우가 있기 때문에 중간에 알람 소리가 나는 타이머는 사용하지 않는다.

이렇게 작업과 목표 시간을 적은 뒤에는 몸의 각 감각들이 집중에 방해가 아닌 도움을 주도록 한다. 우선 시각적으로는 다른 자극으로부터 최대한 시야를 차단시킨다. 시애틀에서는 부슬비가 자주 와서 모자가 달린 옷을 많이 입는데 일을 시작할 때 후드를 쓰면 양옆의 시야가 차단되어서 독서실 효과를 낼 수 있다. 그리고 나도 한때는 모니터를 세 개씩 켜고 일하는 게 뭔가 있어 보여서 좋았는데 이는 집중력에 도움이 되지 않았다. 중간에 방해를 받을 수 있는 스마트폰의 채팅이나 소셜 미디어 알림 기능은 아예 끄고 이메일도 닫아둔다. 모니터의 창도 업무와 관련된 것들만 남기고 모두 닫고 책상도 가능하면 거슬리는 것이 없을 정도로 치운다. 겨우 집중을 했는데 작은 방해로 깨질 수 있기 때문에 방해 요소를 애초에 차단하는 것이 가장 좋다.

마지막은 내가 가장 좋아하는 코를 자극하는 의식이다. 나는 레

몬 향과 같이 매우 신 시트러스citrus 향을 좋아하는데, 특히 스트레스 받는 일을 할 때 그런 향을 맡으면서 하던 것이 습관이 되었다. 손가락만 한 크기의 흡입기에 에센셜 오일을 몇 방울 떨어뜨리고 코에 대고 맡으면 다른 이들에게는 방해를 주지 않고 향을 맡을 수 있다. 후에 모차르트가 으깬 오렌지를 손에 들고 향을 맡으면서 작곡을 했다는 일화를 어디선가 듣고 그렇게 반가울 수가 없었다. 다만 먹으면서 일하는 것은 집중에 방해도 되고 건강에도 좋지 않아 가벼운 차 이외에는 피하는 편이다.

"제가 항상 반복해서 외우는 주문 중 하나는 '집중'과 '단순함'입니다." 스티브 잡스의 말이다. 더 오래 많이 일하는 것이 목적이 될 수는 없다. 이미 도래한 디지털 노마드 시대는 더 짧은 시간 일하고 최대의 효과를 얻는 자의 것이다. 어릴 적부터 책상에 오래 앉는 훈련을 하는 것은 과연 무엇을 위한 것인지 생각해볼 필요가 있다. 오히려 나는 짧은 집중력 훈련이 필요하다고 생각한다. 아마존의 세 번째 리더십 원칙인 '발명하고 단순화하라invent and simplify'는 내가 일하는 방식에 많은 영향을 주었다. 어떻게 하면 일을 더 효율적이고 혁신적으로 자동화하고 단순화할 수 있을지 나는 지금도 매일 고민한다.

12년을
버티게 해준 힘

평생 한 직장을 다니신 분들 앞에서 12년은 부끄러운 기간이다. 하지만 아마존이 워낙 근속 연수가 짧은 회사다 보니 퇴사 시점에서는 전 아마존 사원 중 근무한 기간으로는 상위 2퍼센트 안에 드는 장기 사원이 되어 있었다. 물론 능력이 부족한 탓에 조직의 사다리 아랫부분을 맴돌았지만 내 나름대로 짧지 않은 시간을 냉혹하고 치열한 아마존에서 버텨낼 수 있었던 이유를 돌아보았다.

바보는 누구나 좋아한다

아마존을 다니면서 힘들었던 부분은 종종 일 자체보다도 주위 사람의 시선이었다. 워낙 똑똑한 사람들이 많다 보니 작은 실수에도 스스로 위축되거나 안 그래도 소수인종인데 무시라도 당하는 것은 아닌지 노심초사하기도 했다. 시간이 지날수록 비슷한 시기에 입사한 동료가 승진을 하면 마음의 동요는 더욱 커졌다. 운전을 하다가도 회의에서 한 말실수가 생각나서 혼자 고개를 가로젓기도 하고, 주위 시선이 부담스러워 근속 연수가 차면 바꿀 수 있는 사원증의 테두리를 천천히 바꾸기도 했다. 한마디로 '바보' 소리 안 들으려고 무던히 신경 쓰며 산 것 같다. 물론 그럴수록 항상 무언가에 쫓기는 사람처럼 신경은 날카로워지고 표정은 경직되었다.

하루는 수십 명이 모인 주간 경영 보고 회의에서 다른 생각을 잠깐 하고 있었는데 예기치 않은 질문이 불쑥 들어왔다. 내가 주도하는 회의가 아닌 데다가 내용도 숙지가 되어 있지 않아서 딴소리를 하고 말았다. 차라리 솔직히 잘 모른다고 말할 것을 괜히 바보 같아 보일까 봐 둘러댄 것이 역효과가 난 것이다. 갑자기 분위기가 싸늘해졌다가 회의가 다시 진행되었지만 내가 느낄 정도로 빨개진 얼굴을 들기가 쉽지 않았다. 사실 한국 사람들 사이에서는 꽤나 쾌활한 편이지만 아마존의 회의장에만 들어가면 언어 탓인지 위축되고 수동적이 되곤 했다.

월요일부터 금요일까지의 날 선 긴장이 끝나고 토요일이 되면 한국의 주말 예능 프로그램들, 특히 〈무한도전〉을 챙겨본 날이 많았다. 재미도 재미지만 '평균 이하의 사람들이 펼치는 무모하지만 아름다운 도전'을 보고 있으면 주중의 경쟁과 긴장에 지친 심신이 위로를 받는 기분이 들었는지도 모른다. 그러다가 사람들은 똑똑하고 잘난 사람보다 어수룩하지만 순수하고 착한 바보를 훨씬 좋아한다는 것을 깨달았다. 바보가 되는 것을 두려워할 필요가 없다는 것을 알게 된 것이다. 이 사실이 나에게 얼마나 위안이 되었는지 모른다.

그렇다고 해도 회사라는 사회 안에서 경쟁에 온전히 초연해지기는 쉽지 않았다. 어릴 적부터 한 줄 세우기에 희생되어온 탓인지 아마존에서도 근속 연수와 비례해서 성과와 승진에 대한 압박이 갈수록 심해졌기 때문이다. 돌이켜보면 비로소 마음을 온전히 편안하게 먹을 수 있었던 시점은 회사를 머지않아 떠나겠다는 결심이 서고 나서였다. 부업으로 시작한 사업이 내가 언제든지 회사를 그만두어도 가족이 입에 풀칠은 할 수 있을 정도로 성장한 것도 한몫을 했다. 때가 되면 미련 없이 나갈 곳이라 생각하니 박 터지게 경쟁할 필요도 없었고 무리한 요구에 전전긍긍할 필요도 없었다. 스스로의 목적을 가지고 주도적으로 회사의 시간을 바라볼 수 있게 되자 한때는 나를 짓누르던 회사 내의 문제들이 점점 작아졌다. 결과적으로 점점 좁아지는 피라미드에 목숨을 걸기보다는 주도적으로 회사 이후의 내 삶을 계획하며 아마존에서 다양한 직종에 도전할 수 있었다.

성장하고 있는가?

바보는 누구나 좋아한다는 생각과 회사는 평생 있어야 하는 곳이 아니라 언제든지 떠날 수 있다는 생각은 강박과 구속으로부터 자유롭게 해주었고 역설적으로 회사를 오래 다닐 수 있는 힘이 되었다. 이와 더불어 힘든 시간을 견디게 해주었던 또 한 가지를 꼽자면 목적지에 다가가고 있다는 느낌이었다. 운전을 할 때 도착지가 멀어도 점점 가까워지고 있다는 느낌은 힘을 주지만, 짧은 거리라도 정체가 되거나 길을 잘못 들면 답답하고 초조해진다. 어디를 가야 하는지조차 모르는 상태라면 문제는 더욱 심각하다.

아마존에서 가장 힘들었던 하루를 꼽자면 애플리케이션 개발자로 있을 당시 아이러니하게도 수개월 동안 만든 앱을 론칭한 바로 다음 날이다. 하필 그 주는 내가 당직이라 문제가 생기면 15분 안에 바로 조치를 취할 수 있도록 철 지난 삐삐를 허리춤에 차고 다녀야 했다. 우리 팀이 당시 론칭한 소셜 커머스 애플리케이션인 '아마존 로컬'은 아마존의 브랜드 파워와 뉴스를 비롯한 다양한 홍보 채널에 힘입어 론칭한 바로 다음 날부터 수십만 명이 다운로드를 하기 시작했다. 순식간에 우리 애플리케이션은 해당 카테고리의 톱 10 앱으로 등극했고, 이에 팀은 즉석에서 자축 파티를 준비했다. 문제는 그때부터 시작되었다. 샴페인을 터트리기도 전에 파티의 흥을 깨는 삐삐 소리가 울리기 시작한 것이다(아마존의 삐삐는 시스템에서 에러가 발생하면 자동으로 울리도록 설정되어 있다). 나는 곧바로 파티 자리를 빠져나와 노트북을 열고 문제를 살피기 시작했다.

다행히 큰 문제는 아니었지만 해결하기가 쉽지 않았다. 로그$_{log}$(컴퓨터 프로그램이 남기는 기록)를 살펴보고 분석을 시작했는데 문제가 항상 발생하는 것이 아니라 수만 번의 접속당 한 번꼴로 다소 불규칙하게 발생하고 있었기 때문이다. 머리를 쥐어뜯으며 이틀을 보내고 찾아낸 근거를 토대로 몇몇 특정 스마트폰에서 제대로 된 소프트웨어 업데이트를 하지 않아 발생한 것으로 결론지어졌다. 다시 말하면 우리 쪽에서 딱히 고칠 부분이 없었던 것이다. 이 문제를 붙잡고 며칠을 씨름할 때 나를 가장 괴롭혔던 것은 기술적인 어려움이나 부족한 잠보다도 '내가 이 일을 도대체 왜 하고 있지?'라는 근원적인 질문 때문이었다.

사실 난 개발자가 나의 천직이라고 생각한 적도, 평생 이 일을 하겠다고 생각한 적도 없었다. 단순히 만들기와 게임을 좋아해서 프로그래밍을 시작했고 개발자가 되었지만 기계가 이해할 수 있는 정확하고 다소 딱딱한 능력을 필요로 하는 프로그래밍은 자유도가 높고 창의적인 일에 더 관심이 있는 나에게 오히려 잘 맞지 않는 직업이라 생각했다. 하지만 이유가 어찌 되었든 학부에서 컴퓨터 공학을 전공한 덕에 아마존에 들어와 그렇게 8년을 보내고 개발자로서는 마지막으로 도전해보고 싶었던 애플리케이션을 론칭한 직후에 이런 일이 일어난 것이다.

이렇게 일하는 목적을 잃어버리고 벽에 부딪히자 정말 하루도 더 일하고 싶지 않았다. 그래서 한 차례 회사를 떠난다고 통보했다가 이후 수년간 더 아마존에 남아 있을 수 있었던 것은 마케팅 경영 분석가로서의 업무가 훗날 사업을 하겠다는 나의 목적에 맞게 나를 훈련, 성장시켜주고 있다는 느낌 때문이었다. 새로운 부서에서 접하게 된 일들은 이전과는 성격이 많이 달랐고 처음부터 다시 배워야 하는 일도 많았지만 개발자 시절보다 훨씬 더 즐겁게 일할 수 있었다.

어린 시절 어머니의 권유로 잠시 피아노 학원을 다니다가 그만둔 기억이 있다. 몇 달이 지나도 실력은 거의 늘지 않았고 머지않아 학원을 그만둔 뒤 불과 몇 년 전까지 피아노는 그렇게 나와 상관없는 부정적 이미지로 남아 있었다. 그러다가 첫아이가 피아노를 잠시 배우다가 나와 마찬가지로 그만두게 되었다. 현관에 한동안 키보드가 쓸모없이 놓여 있었는데 스페인 태생의 첼로 연주자 파블로 카살스Pablo Casals 이야기를 듣고 내 속에서 무언가 동기 부여가 생기기 시작했다. 한 기자가 95세의 카살스에게 "세계에서 이미 최고로 인정받고 있는 분께서 왜 아직까지도 여섯 시간씩 연습을 하십니까?"라고 묻자 그는 이렇게 대답했다. "왜냐하면 내 연주 실력이 아직도 조금씩 향상되고 있기 때문이오."

마침 셋째가 태어날 때였는데 피아노 한 곡을 연습해서 딸아이를 훗날 떠나보낼 때 들려주고 싶다는 다소 궁상맞은 목표를 정했다. 많이 들어도 질리지 않는 〈캐논 변주곡〉 치는 법을 찾아보니 악보를 읽지 못해도 손가락 위치를 보고 따라 칠 수 있는 영상들이 많이 있었다. 그렇게 하루에 짬이 날 때마다 5분씩, 10분씩 치기 시작한 지 3년째가 되자 처음에는 하나도 치지 못하던 피아노였지만 이 한 곡만큼은 꽤나 능숙하게 칠 수 있게 되었다. 이렇게 쉬지 않고 매일 칠 수 있게 해주었던 힘은 무엇보다 매일 조금씩 늘고 있다는 그 느낌이었다. 카살스와 같은 실력은 누구나 가질 수 없지만 그가 느꼈던 숙달과 성장의 과정은 누구나 느낄 수 있고, 그것은 스스로의 선한 목적과 더불어 내면의 동기를 끌어올린다.

아마존에서 때로는 어쩔 수 없이 황농문 교수가 《몰입》에서 이야기한 대로 '내가 지금 하는 일이 세상에서 가장 중요한 일이다'라는 자기 최면을 걸어 동기 부여를 높여야 했다. 하지만 진정한 동기 부여는 정해진 틀 안에서 누군가가 제시하는 것이 아니라 본인 스스로 찾을 때 가장 강해진다. 회사의 틀 안에 갇히는 것이 아니라 그 틀을 깨버리고 회사의 일 또한 더 큰 목적을 향한 숙달의 과정으로 보는 것이다.

아무리 실력이 좋아도 멘탈이 무너지면 버티기 힘든 곳이 실전이고 회사다. 바보는 누구나 좋아한다는 생각과 회사에서의 시간이 종착역이 아닌 과정이라는 마음가짐, 그리고 매일 조금씩 성장하고 있다는 느낌은 회사와 관련해서 발생하는 스트레스와 부정적인 생각에 대한 면역력을 높여주고 좀 더 큰 관점에서 여유를 가지고 아마존에서의 나의 시간들을 바라보게 도와주었다.

8

—

아마존의 가장 큰 가르침, 나로 서기

—

후회 최소화
프레임워크

변화의 신호를 느끼다

아마존을 다니면서 숨을 부드럽게 쉬지 못하고 끊어서 쉬는 나를 종종 발견했다. 이럴 때면 일이 손에 잡히지 않아 집중해서 일을 하지 못했고 그럴수록 마음은 더욱 답답해졌다. 심지어 오전 10시가 넘어서 마지못해 출근하고 점심에 두 시간 동안 수다를 떨다가 4시가 조금 넘어 도망치듯 퇴근한 날도 있었다. 에너지가 부족하다 못해 몸은 물속에 있는 듯 무겁게 느껴졌고, 머리에는 보이지 않는 탁한 막이 깨끗한 정신을 가로막는 것 같았다.

　나는 이를 내 몸과 마음이 '변화가 필요한 때'라고 알려주는 신호로 생각했다. 아마존에서 근무하고 몇 년이 지나 처음 이런 답답한 감정을 느꼈을 때는 우선 팀을 옮겼다. 팀을 옮기고 나니 조금 괜찮다가 몇 년이 지나자 또다시 신호가 찾아왔다. 그래서 이번에는 부서와 함께 업무에도 조금 변화를 주었다. 그러나 웬걸, 머지않아 다시 막다른 길에 다다른 듯 하루도 더 일하고 싶지 않게 되었다. 이 시점에서 회사를 떠날 결심을 했다가 그 전에 개발 부서를 떠나 완전히 다른 마케팅 부서에서 새로운 역할을 맡아 3개월을 시도해보았다. 생각보다 일이 마음에 들어 1년 정도를 지속하고, 그 후에는 지난 모든 경험들을 활용해서 경영 분석 일에 도전하게 되었다. 하지만 처음엔 들끓던 열정이 또 몇 년이 지나자 사그라들더니 이내 변화를 위한 시그널이 찾아오고 말았다.

　이런 현상은 나에게만 해당되는 일은 아닌 듯했다. 아마존을 다니면서 많은 이들을 만났지만 진정으로 행복하게 일하는 사람은 없었다. 직급과 직종에 상관없이 아마존에서 일하는 것을 사명으로 여기거나 꿈을 이뤘다고 생각하는 사람 또한 보지 못했다. 오히려 삼삼오오 모이면 자신의 삶이 얼마나 피곤한지 이야기하느라 바빴다. 당시 팀에는 빌이라는 동료가 있었다. 일도 너무 잘할뿐더러 누구보다 먼저 출근하고 늦게까지 일하는 그는 내가 보기에 정말로 천직을 찾은 사람같이 보였다. 그런데 하루는 그가 개인적으로 나를 찾아와서 지금 하는 일이 너무 힘들어 다른 길을 찾고 싶다고 털어놓았을 때 무척 놀랐던 기억이 있다. 게다가 회사를 옮긴 동료들도 몇 년이 지나면 또다시 같은 사이클에 빠지는 것을 많이 보면서 단순히 회사를 옮기는 것이 근본적인 해결책은 아니라고 여기게 되었다. 나의 몸과 마음은 주기적으로 이상 신호를 보내고 있는데 무엇이 문제인지조차 내가 모르고 있는 것이 분명했다.

그래서 당시에 개인적으로 베조스 회장을 만나게 되면 묻고 싶은 것이 딱 하나 있었다. "당신은 진정 행복하신가요?"라고.

베조스의 후회 최소화 프레임워크

그러다가 베조스 회장의 '후회 최소화 프레임워크Regret Minimization Framework'에 대해 듣게 되었다. 이것은 2010년에 자신의 모교인 프린스턴대학의 졸업 축사에서 한 이야기인데, 쉽게 말하면 '인생의 갈림길에서 어떠한 선택을 할 것인가?'에 대한 그의 삶의 공식이다. 사르트르Jean Paul Sartre가 인생은 Bbirth와 Ddeath 사이의 Cchoice라고 말한 것과 같이 그 또한 "결국 우리는 우리가 한 선택 그 자체In the end, we are our choices"라고 이야기한다.

그도 아마존을 창업할 때 고민을 많이 했다고 한다. 그도 그럴 것이 최고 명문 프린스턴대학을 졸업하고 월스트리트에서 초고속 승진을 하여 이미 젊은 나이에 엄청난 성공 가도를 달리고 있었기 때문이다. 그가 존경하던 상사는 48시간 동안 숙고해보라고 조언했고, 그 시간에 이 '후회 최소화 프레임워크'를 찾아내어 어렵지 않게 아마존 창업을 결심하게 되었다고 설명했다.

"세월이 지나 여든이 된 제 자신을 상상해보았습니다. 조용한 방에서 저는 지난 삶을 돌아보고 있습니다. 이 프레임워크의 목표는 그 시점의 제가 후회할 일의 개수를 최소화하는 것입니다. 제가 인터넷이 가져올 시대의 흐름을 믿고 도전했던 순간을 결코 후회할리가 없다고 생각했습니다. 심지어 실패했다고 하더라도 말이죠. 반면 시도조차 하지 않았다면 미래의 저는 미치도록 괴로워할 것임을 그때 알았습니다."

그의 메시지가 특별한 힘을 가지는 것은 자신의 삶으로 그것들을 증명해왔기 때문일 것이다. 그렇게 그는 거액의 연말 보너스를 포기하고 빈손으로 아마존을 시작하여 전 세계 수십억 고객들의 삶을 편하게 해주었고, 동시에 세계 제일의 부자가 되었다. 그의 연설은 삶에서 안정을 추구하지 말고 후회하지 않을 도전을 하라는, 프린스턴대학 후배들을 향한 애정 어린 조언으로 끝난다. 아이러니하게도 회사 내에서는 회장의 이런 메시지를 듣지 못했다. 그 대신 열심히 일하라는 포스터가 회사 곳곳에 붙어 있을 뿐이다.

회사를 다니면서 벽에 그림이나 액자가 걸려 있는 것을 본 기억이 거의 없다. 그 대신 화이트보드와 스크럼 보드가 즐비한 복도 곳곳에는 아마존의 정신을 상기시키는 문구들을 쉽게 발견할 수 있다.

내 안의 아마존 DNA

곱씹을수록 아마존 회장 개인의 이런 가르침은 결국 아마존 내에서는 온전히 적용될 수 없다는 모순이 있었다. 좋은 회사지만 일개 사원인 나로서는 장기판 위의 말과 같다고 느껴졌다. 졸로 시작해서 포나 차가 되는 것도 멋진 일이지만 여전히 플레이어의 지시에 따라 임무를 수행하는 말임에는 변함이 없었다. 내가 아마존의 성장과 함께하며 배운 것은 좋은 체스 플레이어의 덕목인데, 그것을 온전히 내 삶에 녹이기 위해서는 결국 나 또한 말이 아닌 플레이어, 곧 결정권자가 되어야 했다.

이런 고민을 하던 차에 캘리포니아 샌디에이고로 가족 여행을 떠나게 되었다. 샌디에이고에는 세계에서 가장 큰 동물원이 있다. 이 동물원은 도심에 있는 동물원San Diego Zoo과 외곽의 사파리 공원San Diego Zoo Safari Park로 나뉘어 있는데 하루 간격으로 두 곳 모두를 방문했다. 도심의 동물원은 여느 곳과 별반 다르지 않았지만 사파리 공원을 보고 큰 충격을 받았다. 실제 세렝게티 초원에 비할 수는 없겠지만 그곳에는 여의도 면적의 2.5배가 넘는 어마어마한 땅에 코뿔소나 얼룩말 같은 동물들이 자유롭게 노닐고 있었다. 보통의 동물원에서는 느낄 수 없는 행복감이 그들에게서 느껴졌다.

울타리는 안전을 제공하지만 그 대가로 더 큰 무언가를 앗아가고 있는 것이 분명했다. 어쩌면 그것은 내가 가진 가능성 또는 살아 있다는 감정 그 자체인지도 모른다. 언제 잡아먹힐지 모르는 야생동물과 좋은 음식과 안전을 제공받는 동물원 우리 안의 동물, 둘 중 진정 행복한 쪽은 어디인가? 나의 본능 깊은 곳의 울림은 전자라고 말해주었고, 이를 가로막는 감정은 두려움과 게으름 외에는 설명될 수 없었다.

사파리에서 돌아오는 황량한 벌판 위에서 결심했다. 어떠한 형태가 되었든 안정을 추구하면서 우리 안에서 삶을 마치지는 않기로 마음먹은 것이다. 그것은 후회 없는 인생을 살기 위한 베조스 회장의 프레임워크에 따른 결정이자 그간 아마존이 심어준 내 안의 아마존 DNA가 내면으로부터 전해주는 메시지였다. 물론 울타

비록 진짜 야생은 아니지만, 작은 울타리 안의 동물들만 봐왔던 나에게 넓은 초원에서 자유롭게 뛰노는 동물들은 많은 물음을 던져주었다. 그 물음들은 내게 안전을 제공하던 아마존이라는 울타리를 머지않은 미래에 벗어나리라 마음먹은 계기가 되었다.

리를 벗어나서도 스스로 살아남을 수 있는 준비 과정이 우선적으로 필요했다. 다행히도 아마존이 가르쳐준 생존 방식과 성장 원리가 내 몸속에 점차 자리 잡고 있었다.

아마존으로부려의
독립

질서 이야기

"질서는 선 자체는 아니지만 선으로 향하는 유일한 길이다." 마리아 몬테소리Maria Montessori의 말이다. 나는 이 의미를 온전히 이해하기 위해 여전히 노력 중이지만, 분명한 것은 질서가 내 마음에 평온함과 행복감을 준다는 사실이다.

그날은 사실 아마존을 다니면서 가장 기뻤던 날 중 하루였다. 바

며칠을 고생하여 사내 경연 대회에서 우승하고 받은 것은 고작 이 작은 트로피가 전부다. 유튜브 동영상에 등장하는 제품들을 바로 구매할 수 있게 하는 서비스를 나이지리아 출신의 동료 보사 척우고와 함께 출품했다.

로 사내 스타트업 경연에서 만장일치로 우승을 차지했기 때문이다. 대학과 회사에서 합격 통보를 받았을 때 느꼈던 가슴 떨리는 기분을 오랜만에 느꼈다. 그러나 이 환희의 감정은 그리 오래가지 못했다. 빨리 집으로 가서 기쁜 소식을 알리고 싶었는데 퇴근길에 자동차 바퀴가 터져 차를 멈춰야 했던 것이다. 갓길에서 시애틀의 장대비를 맞으며 스페어타이어로 교체하는 수십 분의 시간 동안 기쁨으로 가득했던 내 마음은 너무 쉽게 짜증으로 물들어버렸다.

이후 나는 내게 진정한 행복감을 주는 것은 성취가 아닌 질서, 곧 모든 것이 제 위치에서 제대로 일하는 상태가 아닐까 생각하게 되었다. 좋았던 기분도 시끄러운 경적이나 흰옷에 묻은 김칫국으로 금세 깨지고 만다. 더러운 접시 위의 요리나 어지럽혀진 호텔 방을 원하는 사람은 아무도 없듯이 우리에게는 질서를 향한 코드가 심겨 있는 것이 분명했다.

갑자기 질서 이야기를 한 이유는 이 관점이 내가 앞으로 무슨 일을 하며 살아야 하는지에 대한 이정표가 되었기 때문이다. 아마존다운 독립을 계획하며 이제 나에게는 새로운 목적과 방향이 필요했다. 다시 말해 앞으로 '무엇을 하며 살 것인가?'에 대한 답과 이유를 찾아야 했다.

수년 동안 이에 답할 수 없었던 이유는 돌이켜보면 시점의 문제였다. 내 안을 아무리 들여다봐도 보이지 않던 것이 시점을 넓혀서 내가 속한 세상 전체를 조감도로 보자 그 안의 내 역할이 조금 더 분명하게 보이기 시작했다. 잘 정돈된 집 안의 물건들이 제자리에서 제 역할을 하듯이 나 또한 내가 꼭 있어야 할 곳에서 내가 해야 할 일을 하는 것이 질서 잡힌 세상 속의 내 몫이라 여기게 된 것이다.

일직선상에서는 승자와 패자가 명확하지만 거기에 축을 더해서 다차원을 만들면 각 점들은 승자와 패자가 아닌 각자의 특별함을 드러내며 조화를 이룬다. 결국 내가 해야 할 일은 누군가가 그어놓은 선 위에서 일등을 하고자 남들과 경쟁하는 것이 아니라 순수한 마음으로 '지금 나밖에 할 수 없는 것'을 하며 그 열매를 세상에 주는 것이라 믿게 되었고, "성공한 사람보다는 가치 있는 사람이 돼라"는 아인슈타인의 말은 이러한 나의 생각에 확신을 주었다.

지금 나밖에 할 수 없는 일

가장 먼저 떠오른 '지금 나밖에 할 수 없는 일'은 사실 아빠의 역할이었다. 반면 아마존에서의 나는 꼭 필요한 사람이 아니었다. 아니, 오히려 모자란 것투성이었다. 언어가 부족하다 보니 일도 완전하게 이해하지 못하고 넘어간 적이 많았고, 그런 것들이 점점 쌓이면서 뛰어난 동료들보다 뒤처지는 것을 느끼기도 했다. 아마존이 원하는 최고의 사원과는 분명히 거리가 있었다. 그렇다고 그것을 극복하려고 몇 배로 열심히 노력할 에너지도 없었고 그래야 하는 이유도 찾기 힘들었다. 이미 아마존에는 뛰어난 인재들이 수두룩했기 때문에 나 말고 더 잘하는 사람이 그 역할을 하면 그만이었다.

뼈아프지만 내가 대체 불가능한 사원이 아님을 절감한 이상 아마존의 테두리를 벗어나 '나밖에 할 수 없는 일'을 찾아야 했다. 이미 서른에 접어든 시점이라 무던한 노력으로 새로운 패를 만들기보다는 내가 가진 패들을 활용하여 플레이해야 한다고 생각했다. 지난 30년간 나도 뭐라도 하면서 살아왔기 때문에 아마존의 수많은 천재들보다 잘하는 것이 분명 있을 터였다. 영어가 부족했다면 그만큼 최소한 부족한 정보로 때려 맞히는 눈치라도 늘었을 것 아닌가?

지금도 계속해서 알아가는 중이지만 그때는 스스로 가진 패들을 더 몰랐기 때문에 나는 하나의 마인드맵을 그리기 시작했다. 그 중앙에 자리 잡은 원에는 '나'라는 글씨를 적었고, 그 원은 '아마존', '가족', '시애틀', '한국' 등 나와 연관된 단어들이 가지를 치며 뻗어나갔다. 쓰인 내용들은 나에게는 너무나 사소하거나 당연해서 딱히 특별하다고 느끼지 않은 것들이 대부분이었다. 어린 시절 어떤 학생이었고 무엇을 좋아했는지를 떠올렸고, 부모님께도 전화를 걸어 어릴 적 나의 성향과 장점에 대해 여쭈었다.

또한 나의 강점과 적성을 객관적으로 알기 위해 여러 기관에서 제공하는 적성 검사들을 치렀다. 인터넷에 공짜로 떠도는 장난 같은 검사가 아니라 갤럽Gallup 등에서 제공하는 전문적이고 신뢰도 높은 유료 시험에 돈을 투자했다. 물론 이런 검사가 얼마나 믿을 만한지에 대해서는 의견이 분분하지만 개인적으로는 꽤나 큰 도움이 되었다. 재미있었던 것은 내가 몸담고 있던 컴퓨터나 IT 분야가 적성으로는 의학 다음으로 거의 최하위를 기록하고 있다는 점이었다. 오히려 사업, 예술, 사회복지 등 전혀 생각지 못한 분야가 여러 검사에서 꾸준히 높게 순위가 매겨졌다.

이렇게 완성된 나를 설명하는 많은 동그라미들을 주의 깊게 보며 아마존의 수많은 똑똑한 이들보다 내가 잘할 수 있는 것이 무엇인가를 고민했고, 결국 딱 두 가지가 나왔다. 우습게도 하나는 '게임'이었고, 다른 하나는 '한국말'이었다. 회사 일은 남들보다 뒤처지지 않기 위해 엄청나게 노력해야 했는데 게임은 별 노력 없이도 사내 대회에서 손쉽게 준우승을 할 수 있었다(잡기로만 치부하기엔 시시각각 변하는 환경과 주어진 조건하에 최선의 플레이를 해야 한다는 측면에서 게임은 비즈니스와 많이 닮아 있다). 그리고 회사에서 일하면서 매일 한글 뉴스를 보곤 했는데 몇 번은 상사나 동료가 불쑥 찾아와서 곤혹스러웠던 적도 있다.

이렇게 아마존 사원으로서는 전혀 도움이 되지 않았던 두 가지이지만 이 사회의 일원으로서는 분명 나를 특별하게 만들어주는 카드들이었다. 내가 잘하는 '게임(비즈니스)'과 '한국어'에 당시 나를 설명하던 키워드인 '아마존'과 '아빠'를 더했다. 그리고 이 네 원의 교집합에 속하는 사람은 세상에 당시 나밖에 없다고 확신했고, 결국 관련한 사업을 지금까지 해오고 있다.

내가 속한 이 대지 위에서 나의 위치를 찾아가는 과정은 내가 일에 대해 가지고 있던 많은 고민들을 해결해주는 동시에 마음에 엄청난 평안함을 가져다주었다. 한때는 자기 전에 좋은 사업 아이디어가 떠오르면 일어나서 한참 동안 구상하고는 행여 다른 사람이 먼저 시작하면 어쩌나 조급해하며 김칫국을 마시기도 했었다. 아무것도 해놓은 것 없이 다소 이기적이고 쓸데없는 걱정을 하던 모습이 지금은 귀엽기도 하고 안쓰러워 보이기까지 한다. 하지만 관점이 바뀐 후로는 태도가 많이 바뀌었다. 누가 되었든 세상에 좋은 서비스나 제품을 제공할 수 있다면 그것으로 된 것 아닌가. 그 일을 꼭 내가 해야 할 필요는 없었다. 그 대신 나는 '나밖에 할 수 없는 일'을 계속 찾아나가면 될 일이었다. 이렇게 생각하자 마음이 얼마나 편해졌는지 모른다.

이런 과정을 통해 나의 내면에 찾아든 감정은 마치 모든 것이 제자리에 있는 잘 정돈된 공간이나 완벽한 화음의 선율에서 느껴지는, 말로 표현하기 힘든 깊은 평온함이었다. 그리고 그 평온함의 이유는 서른다섯에 어머니께서 선물해주신 칼릴 지브란Khalil Gibran의 《예언자》에서 그가 '일에 대하여' 이야기한 내용에서 조금이나마 찾을 수 있었다.

"그대들은 대지와 그 대지의 영과 함께하고자 일하네. 게으른 것은 사시사철 이방인이 되는 것이며, 영원을 향해 장엄하고 당당하게 순종하며 나아가는 삶의 행렬에서 벗어나는 것이니. 일할 때 그대들은 피리라네. 시간을 속삭이는 마음은 피리를 거쳐 음악이 되지."

아마존이 나를 위해서
일하기 시작하다

아마존 마켓플레이스와 한 통의 메일

새로운 곳으로 여행을 가기 전에 직접 그곳을 다녀온 이들의 여행 후기를 찾아보곤 한다. 여행지에 대한 총괄적인 자료보다도 때로는 한 사람이 여정의 각 시점에서 내린 결정과 그 이유 및 결과가 도움이 되기 때문이다. 이에 혹 누군가에게 도움이 될지 몰라 '나를 찾아가는 여정'이 어떻게 나의 삶에서 진행되었는지를 조금 더 구체적으로 이야기하려 한다. 물론 여러 사람의 후기를 참고하여 자신의 여정을 계획하는 것은 온전히 각자의 몫이다. 내가 가는 길이 맞는지를 판단하는 기준은 다른 이와의 비교가 아니라 자기 내면의 질서감과 나의 선택으로 세상에 맺어지는 열매가 되어야 할 것이다.

나는 아마존에 입사한 초창기부터 부업으로 사업도 병행하게 되었는데, 처음 부업을 시작하게 된 것 또한 아마존 덕분이었다. 내가 입사한 당시는 아마존이 누구나 아마존에서 물건을 판매할 수 있는 마켓플레이스Amazon Marketplace 서비스를 성공적으로 론칭하여 지속적으로 사업을 확장하던 때였다. 이전까지의 아마존은 직접 벤더들에게 물건을 구입해서 판매하는 소매상의 성격이 강했는데, 마켓플레이스는 제3의 판매자가 아마존이라는 시장에서 일종의 자릿세를 내고 물건을 파는 것이 가능하도록 만든 서비스였다.

이 마켓플레이스 서비스는 베조스 회장이 2016년 주주들에게 보낸 서한에서 아마존 웹서비스Amazon Web Service, 아마존 프라임Amazon Prime과 더불어 실패를 두려워하지 않는 과감한 베팅을 통해 아마존이 이뤄낸 세 가지 대표적 사례 중 하나라고 꼽을 정도로 성공한 사업이 되었다(현재 700만 명가량의 판매자들이 아마존에서 물건을 팔고 있는 것으로 추정되며, 이들이 파는 물건의 매출액은 아마존에서 발생하는 총매출의 절반 이상을 차지할 정도다). 나는 마켓플레이스 서비스에 대해 누구보다 먼저 알게 되었는데, 이는 다름 아닌 아마존 사원들에게 발송된 한

통의 전체 메일 때문이었다. '도그푸딩'을 중시하는 아마존이 초창기에 서비스를 론칭하면서 아마존 사원들에게 월 가입비를 면제해주면서까지 사용해보도록 독려했던 것이다. 아마존 입장에서는 초기 판매자 수를 늘리는 동시에 사원들에게 피드백을 받고 오류도 점검하기 위해 내린 사소한 결정이었을 텐데 이 한 통의 메일이 내 인생에 지대한 영향을 주었다.

당장 팔 수 있는 물건이 없는 다른 직원들처럼 메일을 잠시 열어보고 그냥 닫으려는 순간 로스앤젤레스에서 신발 사업을 하고 계신 외삼촌이 떠올랐다. 외삼촌은 한국에서 대기업을 다니시다가 미국으로 이민을 오신 후 맨땅에서 작업화 사업을 시작하셔서 성공적으로 성장시키고 계셨다. 전화를 걸어 아마존의 마켓플레이스에 대해 설명을 드렸고 감사하게도 가장 잘 팔리는 몇 개 품목을 아마존에 올려서 팔 수 있도록 허락을 받았다. 아마존을 통해 주문이 들어오면 물건은 삼촌 회사에서 직접 고객에게 보내주고 나는 해당 매출액의 10퍼센트를 받는 조건이었다. 나로서는 아마존에 잘 올려놓으면 이후에는 시간을 많이 들이지 않아도 되는 좋은 부업인 셈이었다.

마침 회사에서 내가 하던 일 중 하나가 아마존 판매자들이 이용하는 사이트인 셀러 센트럴Seller Central의 일부 기능 테스트 자동화 업무였다. 그 덕분에 아마존에서 물건을 파는 법에 대해 대략 알게 되었는데 본격적으로 신발을 판매하면서는 더 전문적으로 파고들게 되었다. 사실 신발은 다른 어느 제품보다 까다로운 면이 많았다. 색상과 사이즈가 다양해서 제품을 등록하고 관리하는 것도 복잡했고, 아직 아마존에서 작업화와 같은 품목에 대한 검색이 많지 않았기 때문에 제품을 고객들에게 노출시키기도 쉽지 않았다. 여러 시행착오를 겪으며 아마존 내에서 제품 인지도를 높이고 고객들로부터 좋은 품평도 많이 받았지만 여전히 판매는 수년간 하루에 2~3개 정도의 용돈벌이 수준에 머물렀다. 하지만 같은 기간 좀처럼 늘지 않은 판매량과 달리 아마존 판매에 대한 노하우는 보이지 않게 습득되고 있었다.

아마존이 나를 위해서 일하기 시작하다

하나의 새로운 진주 구슬은 반드시 시련과 인고의 과정을 통해 얻어진다. 살면서 이유를 알지 못하고 그저 힘들게 열심히 해내야 했던 많은 일들은 '나'라는 주머니 속의 다양한 구슬로 자리 잡는다. 그리고 '앞으로 무엇을 해야 하는가?'라는 질문이 다시 찾아올 때 잠시 멈추어서 가진 구슬들과 처한 상황을 잘 보고 다음에는 어떤 작품을 만들지 신중히 고민하는 과정이 필요하다.

아내가 둘째 아이를 임신한 때는 돌아보면 지금까지 살면서 가장 힘든 기간이었다. 아마존의 치열한 업무, 가장으로서의 역할, 그리고 부업까지 하루하루를 말 그대로 근근이 버티고 있었는데 첫 아이가 돌을 갓 넘기자마자 새 생명이 서둘러 가정에 찾아온 것이 었다. 임신 테스트기가 양성반응을 보인 날은 마침 온 가족 모두 독감에 걸려 파김치가 되어 있던 날이었고 마냥 기뻐할 수만은 없어 함께 부둥켜안고 울었던 기억이 난다.

출산 일이 다가오면서 심신은 더욱 지쳐갔고 아내와 상의한 끝에 둘째 탄생에 맞추어 회사에 3개월의 무급 휴가를 신청했다. 입사 후 7년 만에 처음 갖는 장기 휴가였다. 수입이 없는 이 기간 동안 회사로부터 잠시 벗어나 누구보다 나의 도움이 필요한 두 아이의 아빠 역할에 충실함과 동시에 이 세상 속에서 내가 가장 잘할 수 있는 일을 찾아 시작해보기로 마음먹었다. 앞에서 이야기한 대로 나를 파악하는 과정을 통해 내가 가진 구슬들을 모아 하나로 꿰기 시작했고 '아마존', '한국', '아빠', '비즈니스'의 키워드가 만나서 결국 '아마존에 한국의 아이용품을 판매하는 일'은 세상 누구보다 잘할 수 있다고 확신하기에 이르렀다.

마침 당시 아마존은 아마존 창고로 물건을 보내놓기만 하면 주문, 배송, 반품 처리까지 아마존이 일정 비용을 받고 모두 해결해주는 아마존 FBA 서비스를 갓 론칭했고, 한미 FTA가 체결되어 곧 한국에서 들어오는 물품의 관세도 없어졌다. 또한 미국은 세계에서 가장 규모가 큰 소비자 시장이고, 한국은 세계 10대 수출국이었으며, 내가 살고 있는 시애틀은 한국과 가장 가까운 항구도시 중 하나였다. 이 모든 상황과 더불어 아마존에 근무하며 마켓플레이스에서 초창기부터 신발을 판매해온 경험과 한국말을 구사할 수 있다는 점, 두 아이의 아빠라는 점은 모두 한 점을 향해 화살표를 가리키는 듯했다.

한국 아동용품 중 이제는 무슨 상품을 팔지가 문제였다. 그리고 그 답은 다름 아닌 우리 집에서 찾을 수 있었다. 첫아이가 태어나고 지인에게 받아서 쓰고 있던 놀이방 매트가 눈에 들어온 것이다. 바닥 문화에 익숙하지 않은 미국에서는 당시만 해도 그런 놀이방 매트를 구하기 힘들어 한국에서 직접 가져온 귀한 물건이었다. 좋은 제품임에는 분명했지만 단가가 높고 크기가 커서 고민하고 있었는데 마침 집 근처 코스트코에 동일한 한국 제조사에서 만든 제품이 일시적으로 들어왔다. 우연히도 제조사가 미국으로 매트 사업을 진출하던 시기였던 것이다.

제품에 붙어 있던 제조사의 북미 총판 연락처로 전화를 걸어 아마존에 물건을 팔고 싶다는 의사를 밝혔다. 하지만 사업이라고는 하루에 한두 켤레 신발을 팔아온 것이 전부인 나에게 아마존 판매권을 줄 리가 만무했다. 단칼에 거절을 당했지만 이미 예견된 일이었다. 다시금 왜 내가 아마존에서 매트를 가장 잘 팔 수 있는지를 더 구체적으로 설명하는 장문의 이메일을 보냈고, 이는 한국 본사로까지 전달되었다. 얼마 후 때마침 코스트코 본사가 있는 시애틀을 방문한 제조사의 전무와 북미 총판 사장을 만날 수 있었고, 두

2010년부터 한국에서 놀이방 매트를 수입하여 아마존 FBA를 통해 판매하는 사업을 시작했다. 바닥에 앉는 문화가 없던 미국 시장에서 당시에는 생소한 제품이었지만 이제는 아마존에서 'play mat'로 검색하면 가장 먼저 검색되는 제품이 되었다.

분은 감사하게도 아무것도 없는 나를 믿어주어 그렇게 사업이 시작되었다. 나중에 들었지만 함께 식사를 할 때 마침 같은 식당에서 식사하던 대학 시절의 후배가 내 자리로 와서 인사하는 모습을 보고 신뢰를 가졌다고 이야기해주었다. 이렇게 나의 작은 결심과 많은 우연의 연속으로 큰 변화가 시작되었다. 아마존 FBA 서비스를 이용한 사업이었기 때문에 나는 제품 관리와 마케팅에 집중하고 상품 보관, 배송, 고객 서비스와 같은 일들은 아마존이 대신 처리해주었다. 내가 아마존을 위해 일함과 동시에 이제는 아마존이 나를 위해 일해주기 시작한 것이다.

3년 전 일기가 찍어준
마침표

결정의 시기가 다가오다

그렇게 회사를 다니면서 본격적인 매트 사업을 시작하고 나서 3년이 지났다. 그 기간 동안 사업은 꾸준히 성장했고, 월급 이외의 소득도 적잖이 생겼다. 하지만 그러면서 다른 문제가 생기고 말았다. 어쩌면 그것은 자존감의 문제였다. 물리적으로 많이 매달려야 하는형태가 아니어서 사업과 회사 일을 병행하는 것에는 큰 무리가 없었지만, 회사에서 최선을 다하고 있지 않다는 생각이 나를 괴롭혔다. 그것은 몸이 힘든 것과는 다른 문제였다. 회사에서 스스로 인정할 만한 수준으로 일하지 않고 머쓱하게 퇴근할 때마다 무언가 내 안에서 나를 부끄럽고 비참하게 만드는 감정이 올라왔다. 단순히 직장을 생계 수단으로 보고 최소한의 노력으로 동일한 월급을 받는 것은 한편으론 스마트해 보였지만 내 자신이 용납하기 힘들 정도로 멋이 없었다.

이에 한쪽의 수입을 포기하더라도 나는 결심을 해야 한다고 느꼈다. 이런 고민을 하던 차에 마침 나와 가깝게 일하던 직원이 다른 부서로 옮기면서 부서 내에 데이터 사이언티스트Data Scientist 자리가 하나 생겼다. 그것은 빅데이터와 인공지능 분야가 각광을 받기 시작하면서 최고의 직업으로 손꼽히는 유망 직종이었다. 불과 며칠 전 〈와이어드WIRED〉 잡지에서 "아이들에게 의사가 아닌 데이터 사이언티스트가 되라고 해라Tell your kids to be Data Scientists, not Doctors"라는 기사를 읽은 터였다. 게다가 다른 회사도 아닌 4차산업을 선도하는 아마존에서 데이터 사이언티스트 포지션은 나에게 굉장히 매력적으로 다가왔다.

이렇게 데이터 사이언티스트라는 직종에 생각이 꽂히자 지금까지 내가 쌓아온 모든 커리어가 이 한 점을 향해 모이는 듯 보였다. 그도 그럴 것이 개발자로 시작해서 수년간 데이터를 만지며 경영 전반에 도움을 주고 있었기 때문에 기계학습과 통계적 모델링

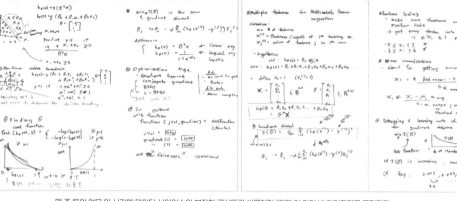

몇 주 동안 업무 외 시간에 데이터 사이언스의 복잡한 공식들과 씨름하며 '과연 이 길이 내 길일까?'를 고민했다.

statistical modeling 같은 몇몇 전문적인 부분을 보완하면 충분히 실무 작업을 할 수 있었다. 나는 아마존 내의 몇몇 데이터 사이언티스트들을 만나 궁금한 점들을 물어보았고, 마침내 스탠퍼드대학에서 제공하는 온라인 기계학습 강의를 수강하기에 이르렀다. 회사 내에서도 지속적으로 관련 업무를 늘려 나갔고, 매니저와 이야기하여 몇 개월의 수습 기간을 거쳐 정식으로 직종을 옮길 수 있도록 수순을 밟기로 했다.

그러던 중에 셋째가 태어났다. 낮에는 회사 업무를 하고, 퇴근 후에는 사업 관련 일을 처리하고 아이들과 시간을 보냈다. 아이들이 잠이 들고 나면 데이터 사이언스 공부를 시작했다. 대학 때 그리 좋은 성적을 받지 못했던 선형대수학부터 고급 통계학까지 씨름해야 했다. 해야 하는 일은 많았고 쉴 시간은 하나도 없어졌다. 녹초가 되어 곯아떨어졌다가 아이의 울음소리로 잠을 설치는 날이 계속되었다. 한동안 이 사이클을 반복하자 한마디로 너무 힘이 들었다. 낮이고 밤이고 신경은 날카로웠고 몸은 피곤했다.

그러다가 하루는 밤에 책을 펴서 공부를 하는데 이미 수차례나 직종을 바꿀 때마다 겪었던 과정을 또다시 반복하고 있는 건 아닐까 하는 생각이 들었다. 불현듯 나는 빈 종이에 무엇인가를 빠르게 적어 나가기 시작했다. 얼마나 시간이 흘렀을까. 밤이 깊어갔고 옆 방에서 아내와 자고 있던 막내의 울음소리가 들렸다. 우는 아이도 달랠 겸 손에 종이를 들고 아내를 찾았다. 종이에는 손으로 쓴 여러 개의 계산들이 적혀 있었는데, 이는 내가 아마존을 그만두고 사업에 집중할 경우에 예상되는 수입과 우리 가계의 지출을 비교한 것이었다. 예상대로만 된다면 퇴사 후에도 생계를 유지할 수 있다는 결론이었다.

3년 전 쓴 일기

한밤중의 갑작스러운 제안에 아내가 놀랐고, 우리는 몇 주간 고민의 시간을 갖기로 했다. 나는 둘 중 하나를 선택해야 하는 고민을 할 때 벤저민 프랭클린Benjamin Franklin이 조지프 프리스틀리Joseph Priestley에게 전해준 방법을 애용한다. 우선 종이를 반으로 접은 뒤 며칠 동안 고민하면서 한쪽에는 첫 번째 선택의 이유들을, 반대쪽

틈틈이 써온 일기 속에는 지난날의 내 생각들이 사진첩처럼 들어 있었다. 과거의 각 시점에서 내가 했던 생각들은 미래의 내가 가야 할 삶의 방향을 가리키는 이정표가 되었다. 그리고 오른쪽 사진은 아마존 시절에 썼던 메모장이다.

에는 다른 선택의 이유들을 적는다. 그렇게 종이가 채워지면 각 이유들에 대한 중요도를 평가해서 양쪽에 속한 이유들의 중요도가 같으면 둘 다 리스트에서 제외시킨다. 만약 한쪽의 한 가지 이유의 중요도가 반대쪽의 두 가지 이유의 중요도와 비슷하면 세 가지를 모두 지우는 식이다. 사업을 그만두고 데이터 사이언티스트가 되는 것과 회사를 그만두고 사업을 하는 것을 두고 이 과정을 거쳤는데, 이번만큼은 결정이 쉽지 않았다. 양쪽 모두 지금까지의 내가 쌓아온 경험과 장점을 활용할 수 있는 좋은 다음 단계로 보였기 때문이다. 데이터 사이언티스트로 가는 길은 조금 더 안정적이고 빛나는 듯 보였지만 '나밖에 할 수 없는 일'이라고 보기에는 조금 부족했다. 하지만 여러 가지 현실적인 상황들 속에서 한때 가졌던 결심은 다소 무디어져 있었다.

이런 고민의 과정에 마침표를 찍어준 것은 내가 3년 전에 쓴 일기였다. 매일은 아니더라도 일기를 쓰는 습관을 가지고 있었는데 그날도 마침 일기장에 고민을 적다가 무슨 생각이 들었는지 이전 일기장들을 꺼내어 읽기 시작했다. 그리고 3년 전에 쓴 일기장에서 그로부터 정확히 3년이 지난 시점에 아마존으로부터 독립할 계획을 적은 일기를 발견했다. 당시는 개발자 업무에 종지부를 찍고 한 차례 아마존을 떠나려고 마음먹었다가 아예 새로운 경영 분석 일을 시작한 지 얼마 되지 않은 때였다. 사실 3개월만 해보고 결정하려 했는데 업무가 마음에 들어 좀 더 아마존에 남기로 하면서 적은 일기였다. 그때의 나는 3년 동안 아마존에서 할 수 있는 다양한 경험을 최대한 한 뒤 3년 후 독립하겠다는 구체적인 계획을 적어놓았다.

이것을 보자마자 나는 베조스 회장이 아마존 창업을 앞두고 고

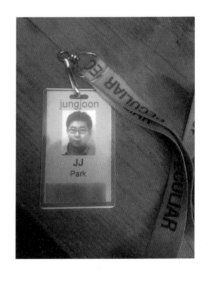

퇴사를 앞두고 사원증을 반납하기 전에 찍은 것이다. 아마존에서는 5년 이상 근무하면 사원증에 노란색 테두리를, 10년 이상 근무하면 빨간색 테두리를 둘러준다. 빨간색 테두리는 내게 자랑거리보다는 무거운 부담감으로 작용했다. 그렇게 내려놓은 사원증 안에는 지나온 아마존 시간 속의 내가 나를 바라보고 있었다.

민하다가 '후회 최소화 프레임워크'를 고안하고 단숨에 느꼈을 법한 확신을 체험했다. 진정한 나로 살기 위해 필요했던 조언자는 다른 누구도 아닌 과거의 나였던 것이다. 나는 곧바로 데이터 사이언스와 관련된 책들을 덮었고 이후 다시는 열지 않았다. 지난 3년 동안 그 일기에 적은 대로 나는 아마존에서 경영과 관련한 다양한 경험을 쌓았고, 가장으로서 최소한의 경제적 책임을 질 수 있을 수준으로 사업은 성장해 있었다. 고맙게도 아내는 나를 믿어주었고, 그렇게 나는 12년간의 아마존 도제 시간을 마무리했다.

나, 아마존,
그리고 미래

나에게 아마존이란?

난 참으로 아마존에 많은 빚을 진 사람이다. 아마존에서 지금까지 수천 번 물품을 구매한 고객이자 15년째 유료회원이며, 아마존을 통해 사업을 하고 있는 판매자이면서 오랜 시간 다양한 역할로 일한 사원이기도 하다. 이런 아마존과의 관계를 한마디로 표현하면 나에게 아마존은 '마스터master'다. 이 단어가 가진 스승과 장인의 두 가지 의미가 모두 부합하지만 회사를 떠난 이상 주인으로서의 의미는 아니다. 나는 아마존에서의 근무 기간을 도제 과정으로 여기고 있고, 그 가르침을 남은 내 삶에 녹여내야 할 의무를 느낀다. 아마존은 단순하고 평범한 스승이 아니다. 그야말로 모든 기업들이 벤치마킹하는, 미래를 선도하고 성장에 통달한 곳이다. 나무로 치자면 모두들 어떻게 그렇게 크고 건강하게 자라서 많은 열매를 맺는 나무로 자랄 수 있었는지를 궁금해하는 거목이다.

운 좋게도 아마존이 세계 제일의 기업으로 성장하는 과정을 가까이에서 목격할 수 있었고, 그 길에 조금이나마 기여할 수 있었다는 것에 자랑스럽다. 아마존은 나를 포함한 전 세계인들의 삶을 더욱 편리하게 바꾸어주었고, 아마존의 혁신 모멘텀은 해를 거듭하면서 가속화되고 있다. 한 가지 자신 있게 말할 수 있는 것은 아마존의 성공과 성장은 결코 우연히 이루어진 것이 아니라는 사실이다. 원칙을 지키고, 본질을 보고, 시간을 자신의 편으로 만들고, 실패를 두려워하지 않고, 낭비하지 않고, 머뭇거리지 않고 행동하며, 끊임없이 혁신하는 아마존의 모든 성장 원리들은 결과물이 아닌 과정으로밖에 볼 수 없는 가르침이었다.

그러나 아마존은 절대 관대한 스승이 아니었다. 아마존을 떠난지 3년이나 지났지만 아직도 가끔 저녁이 되면 문득 내일 아마존에 출근해야 하는 게 아닌가 하는 후유증을 겪는다. 이내 가지 않아도 된다는 것을 깨닫고는 안도의 한숨을 쉴 만큼 아마존은 나에게 감사한 곳이면서 참 힘들었던 곳이다. 12년이라는 기간이 스스로도 미스터리하게 느껴질 정도로 하루하루를 버티면서 다녔다. 가끔 주위 사람들이 "아마존 떠난 것 후회하지 않아?"라고 묻곤 하는데 그럴 때마다 고개를 절레절레 가로젓는다. 실제로 나에게 아마존 사원으로서 남아 있는 미련은 전혀 없다.

아마존을 떠나 나의 여정을 계속하고 있지만 사원일 때보다 오히려 아마존이 더 가깝게 여겨질 때가 많다. 내려야 하는 수많은 결정마다 아마존에서 배운 가르침들이 적용되고 있기 때문이고, 나의 사업이 아마존에 의존하고 있기 때문이다. 오늘 아침에도 아마존에서 내가 판매하는 제품을 구매한 한 고객으로부터 불만 섞인 이메일 한 통이 도착했다. 이미 수개월을 사용하고 나서 제품 교환을 원하는 납득하기 힘든 내용이었지만 오히려 최대한 친절하게 그가 기대하는 이상의 호의를 베풀었다. "한 명의 고객에게 베푼 호의는 백 명의 고객을 데리고 온다"는 베조스 회장의 말을 잊지 않고 있기 때문이다.

아마존에게 받은 가장 큰 선물

아마존은 내게 분에 넘치는 급여뿐 아니라 돈 주고도 살 수 없는 경험과 가르침을 주었고, 현재는 내 사업의 플랫폼을 제공해주고 있다. 이를 통해 궁극적으로 내가 아마존에게 받은 선물은 자유다. 나로서 홀로 설 수 있도록 해준 것이다. 아마도 중세시대의 도제가 수년간 섬긴 자신의 마스터에게 받을 수 있었던 최고의 선물도 마찬가지가 아니었을까. 나는 아마존 덕분에 시간과 돈에 구속받지 않는 삶을 살 수 있게 되었고, 이는 삶에서 더 본질적인 것들을 추구할 수 있는 기반이 되었다. 물론 그 과정에는 12년이라는 짧지 않은 준비 기간이 있었다.

예상보다 빠르게 변하고 있는 아마존이 선도하는 앞으로의 시대는 준비된 더욱 많은 이들에게 시간과 자유를 선물해줄 것이다. 과장을 조금 보태자면 내 삶이 그랬듯 우리 시대는 어쩌면 아마존의 전과 후로 나뉠지도 모른다. 아마존은 이미 내 집 구석구석까지 들어와 있다. 궁금한 것이 생기면 아마존 스마트 스피커인 에코Echo에게 질문하고 밤이 되면 집 안의 전구를 소등시킨다. 아마존으로 주문된 상품들은 집에 사람이 없어도 현관에 설치된 아마존 도어락 Amazon Key을 열고 배송된다. 배송자는 주로 아마존 플렉스Amazon Flex를 통해 출퇴근길에 부업으로 일하는 사람들이다. 얼마 전 핸드폰을 열자 구글의 인공지능이 내가 10년 동안 찍어놓은 영상들을 자동 편집해서 첫아이의 성장 과정을 담은 비디오를 만들어 보여주었다. 직접 편집하려면 족히 며칠이 걸릴 작업이었다. 이렇듯 사물인터넷과 인공지능은 하루가 다르게 사람이 하던 작업들을 대체하고 있다.

많은 이들이 이런 변화에 우려 섞인 목소리를 내고 있다. 하지만 변혁을 거듭해온 인류의 역사가 그러했듯 새 시대의 첫째 날에 살고 있는 우리에게는 이제 새로운 기회와 역할이 주어졌다. 나는 이 글을 읽는 모든 이들이 새로운 시대의 피해자가 아닌 수혜자가 되기를 진심으로 희망한다. 인터넷과 아마존을 비롯한 혁신적인 기업이 가져온 시대의 변화를 통해 사람들이 기존 직장의 형태에서 벗어나 원하는 시간에 원하는 만큼 자율적으로 일하는 것이 가능해지고 있다. 기존에 생산과 유통을 담당했던 많은 기업들은 서서히 줄어들고 있으며, 이제는 생산자와 소비자를 바로 연결해주는 플랫폼 형태의 기업들이 미래를 선도하고 있다. 사람들은 아마존을 통해 물건을 사고팔고, 우버를 통해 원하는 곳으로 이동하며, 에어비앤비를 통해 숙소를 정하고, 유튜브와 트위치Twitch.tv를 통해 콘텐츠를 생산하고 소비한다. 이들 생산자와 소비자 사이에는 기존의 수많은 제3자가 아닌 단 하나의 플랫폼만이 존재한다.

나는 아마존, 이베이, 월마트, 웨이페어Wayfair가 제공하는 온라인 플랫폼 위에 사업을 하고 있으며, 홈페이지는 쇼피파이Shopify라는 쇼핑 사이트 플랫폼을 통해 구축했고, 디자인 작업이나 제품명을 정하는 등의 전문적인 작업이 필요하면 전문 인력시장인 파이버Fiverr.com를 통해 세계 각국의 프리랜서 인재들에게 원하는 작업을 맡기고 있다. 광고는 구글, 아마존, 페이스북의 광고 플랫폼을 통해 정확히 내가 원하는 타깃 고객들에게 제품을 노출시킨다. 좋은 아이디어가 생겼는데 자본이 필요하다면 킥스타터Kickstarter 같은 클라우드 펀딩 플랫폼을 통해 아이디어를 지지하는 세계의 수많은 이들의 호주머니에서 충당할 수 있다.

기존에는 토지나 자본, 공장과 같은 생산수단이 사람들을 부르주아와 프롤레타리아로 나누었다면, 다가오는 세상에서는 자유롭게 상상하고 다른 이들의 본질적인 필요를 파악하며 이를 위해 유효한 자원들을 연결하고 끊임없이 혁신할 수 있는지의 여부가 그 선을 가를 것이다. 더불어 중요한 것은 자신의 특별함을 깨닫는 것이다. 당신에게 주어진 환경과 지금까지 알게 모르게 쌓아온 모든 경험은 당신만의 강점이자 이 세상에서 다른 이들을 위해 엮어서 나누어야 할 가치다.

나의 스승이 앞으로 무엇을 할지 정확히 알 수는 없다. 실제로 베조스 회장은 "우리가 되려고 하는 것은 완전히 새로운 것입니다. 아마존이 무엇이 될지를 설명하는 단어는 아직 존재하지 않습니다What we want to be is something completely new. There is no physical analog for what Amazon.com is becoming"라고 말했다. 하지만 아마존이 지난 수십 년 동안의 변화보다 훨씬 더 큰 변화를 우리 삶의 전반에 가져다줄 것은 자명하다. 지금 우리 시대에 '아마존밖에 할 수 없는 일'들이 너무나 많기 때문이다.

인터넷이라는 플랫폼 위에 한 사람의 아이디어와 용기, 그리고 성장 원리가 더해져 아마존이라는 거대한 기업이 탄생했다. 그리고 그 아마존은 새로운 시대의 선구자와 플랫폼이 되어 나를 포함한 많은 이들에게 기회를 제공하고 있다. 급변하는 미래를 두려워할 필요는 없다. 내가 이 책을 통해 전하고자 했던 아마존의 가르침을 잊지 않는다면 변화의 파도에 휩쓸리는 희생자가 아니라 신나게 파도타기를 하고 있는 자신을 발견하게 될 것이기 때문이다. 아무리 시대와 환경이 변해도 가장 중요한 것들은 결코 변하지 않는다.

에필로그

아마존, 그 후 시작된 저니맨의 삶

책을 마무리하면서 나에게 아마존이라는 세 글자가 어떻게 변해 왔는지 돌아보았다. 입사 전에는 책을 구매하는 인터넷 서점이자 컴퓨터 공학도로서 입사하고 싶던 핫한 스타트업이었고, 재직 시절에는 자랑스럽지만 매일이 버티기 힘든 회사였다. 아마존의 플랫폼을 활용한 사업을 하고 있는 지금은 내게 자동화된 시스템을 제공해주는 상생 관계의 파트너다. 무엇보다도 아마존은 내게 스승이다. 그렇기에 이 책은 나라는 작은 제자가 아마존이라는 희대의 스승 어깨 너머로 배운 가르침의 묶음이다.

잠시 특별한 능력이 주어졌다고 생각하는 아마존의 면접 날, 면접관이 내게 한 질문과 내가 답했던 꽤나 당돌한 대답을 지금도 기억한다.

"왜 아마존에 들어오고 싶습니까?"

"아마존과 저, 상호 간의 이익mutual benefit을 위해서입니다."

시간이 지나 이 대답은 현실이 되었다. 나는 사원으로서 아마존에 나의 시간과 기술, 창의력과 노동력을 제공했고, 현재는 아마존이 제공하는 서비스에 대한 비용을 지불하고 있다. 그동안 아마존은 내게 일터와 급여를 제공했고, 사업의 기반이 되었으며, 돈 주고도 살 수 없는 많은 가르침을 말이 아닌 행동과 결과로 전해주었다(게다가 아마존의 경험을 담은 책까지 완성되었다). 이 관계에는 주종도, 갑을도, 승패도 없다. 수혜자와 수혜자, 승자와 승자, 그리고 스승과 제자가 있을 뿐이다.

현재 내가 혼자서 일하는, 물류창고에 딸린 5평 남짓한 작은 사무실은 초라할 정도로 단출하다. 책상은 문짝으로 만들 손재주가 없어서 근처 할인센터에서 전시용 물건을 헐값에 구입해 사용하고 있다(사실 퇴사 때 내가 쓰던 도어 데스크를 구입할 수 있는지 물었지만 회사 규정상 허락되지 않았다). 벽에는 나만의 작은 스크럼보드에 몇 장의 포스트잇이 붙어 있고, 매일 아마존 근무 때의 습관처럼 한 장의 포스트 잇에 그날의 할 일을 적는 것으로 하루를 시작한다.

내가 아마존을 통해 판매하는 놀이방 매트는 초기엔 아동용 캐릭터와 동물, 알파벳, 숫자 등이 화려하게 그려진 디자인이 주를 이뤘다. 같은 값이면 많은 내용이 담긴 것이 당시의 아시아 고객들에게 선호되었기 때문이다. 하지만 이후 철저히 미국 현지 고객의 관점에서 새로운 디자인을 개발했고, 단순하고 고급스러운 러그 느낌의 디자인으로 탈바꿈한 매트는 해당 카테고리에서 독보적인 베스트셀러 자리를 수년간 지키고 있다. 그 뒤에는 고객의 눈높이를 맞추기 위해 뒤적였던 수백 페이지의 잡지 이미지들과 현지 디자이너들과의 길고 긴 대화가 숨어 있다.

아마존은 '본질'을 중시하는 회사다. '고객 최우선', '장기적 관점'과 같은 본질을 꿰뚫은 경영철학은 물론이고, 인터넷에서 쉽게 찾을 수 있는 베조스 회장의 수많은 어록을 보면 그가 얼마나 본질에 대한 깊은 통찰력을 가지고 있는지 알 수 있다. 예를 들어 그가 킨들을 만들 당시 생각한 이북 리더의 본질은 '사라지는 것'이었다. 부가적인 기능들을 많이 추가하기보다는, 독자들이 종이책보다 더 작가의 글 속으로 빠져들 수 있도록 만들어 킨들을 들고 있다는 것조차 자각하지 못하게 하는 것에 초점을 맞춘 것이다.

이런 아마존 방식의 영향으로 나는 보이는 것 너머의 본질에 깊은 관심을 가지게 되었다. 때론 '책', '부모'와 같은 하나의 단어에 대한 본질을 생각하며 여러 날을 보내기도 했고, 아마존을 떠난 뒤에는 매트의 브랜딩을 위해 '매트의 본질'에 대해 몇 주 동안 사색했다. 결국 매트의 본질은 '보호하는 것' 자체가 목적이 아니라 보호를 통해 삶에 대한 모험심을 갖도록 하는 데 있다는 것에 생각이 다다랐고, 이에 따라 아래와 같은 마음에 드는 카피를 뽑을 수 있었다.

'모든 모험은 안전한 땅에서부터 시작된다Every adventure starts from the safe ground.'

안전을 제공하던 아마존이라는 마스터 밑에서의 도제 생활을 마치고 저니맨으로서 나만의 모험을 떠난 지도 어느덧 4년이 다 되어간다. 처음에는 스스로 모든 것을 결정하고 결과에 온전히 책임져야 하는 것이 낯설었다. 하지만 그 덕분에 살아 있다는 설렘과 감사의 감정을 매일 온몸으로 느낀다.

퇴사 이후 단 한 차례도 후회하거나 아마존의 품으로 돌아가고 싶다는 생각을 한 적이 없다. 아마존 12년의 수업을 통해 불확실한 미래는 나에게 더 이상 불안이 아닌 기대를 불러일으키기 때문이다. 사원일 때는 결코 이해할 수 없었던 '춤추듯 일하러 간다'고 이야기한 베조스 회장의 기분을 조금은 알게 되었다. 돌아보면 내 모험의 출발점이 된 안전한 땅은 다름 아닌 아마존이었다.

다름이라는 거름

일기 말고는 제대로 된 글을 써본 적도 없는 내가 아이들이 잠든 시간 한 자, 두 자 무모해 보이는 첫걸음을 내딛은 지 3년하고도 반이 지났다. 아마존에서 오래 일한 한인으로 아마존의 성장을 곁에서 목격한 경험이 나의 기억 속 깊은 곳으로 가라앉기 전에 글로 옮겨놓기 위한 것이 첫 원동력이었다. 처음에는 3인칭으로 아마존의 성공 사례나 아마존의 리더십 원리와 같은 '아마존에 대한' 전반적이고 객관적인 글들로 페이지들을 채워 나갔다. 그러다가 몇 가지 문제점에 봉착했다. 이런 정보를 담은 책과 자료는 이미 세상에 많이 있고 무엇보다 내가 세상 누구보다 이런 정보를 전달하기에 적합한 그릇이 아니라는 생각이 들기 시작한 것이다. 내용이 점점 다른 도서와 기사를 인용한 글들로 채워질수록 맞지 않는 옷을 입은 것처럼 내 자신의 글이 어색하게 느껴졌다.

70퍼센트 정도 글을 쓴 시점에서 슬럼프가 찾아왔을 때 감사하게도 출판 계약이 성사되었고, 이후 나의 글은 또다시 1년에 걸쳐 대대적으로 다시 태어나는 과정을 겪었다. 아마존에 대한 일반적인 내용보다는 나의 개인적인 경험과 생각이 담긴 좀 더 생생한 이야기 위주로 처음부터 다시 쓰기 시작한 것이다. 어차피 '아마존의 모든 것'을 담아낼 수 없는 그릇이기에 '내가 경험한 아마존'은 어찌 보면 내 분수에 딱 맞는, 나밖에 쓸 수 없는 글이었다. 처음에 내가 생각했던 아마존에 대한 모든 것을 담은 거창한 책은 아니지만 나라는 작은 개인이 '아마존에게 배운 것'들로 가득 찬 책이 완성되었다. 지나고 보니 이 과정은 축소의 과정이라기보다는 성숙과 발효의 과정이자 본질을 찾아가는 여정이었다. 아무리 작은 일이더라도 나밖에 할 수 없는 이야기들을 세상과 나눌 수 있게 된 것에 큰 만족과 보람을 느낀다.

이 모든 과정에서 함께하며 믿어준 사랑하는 아내와 존재 자체로 삶의 원동력이 되는 세 아이들에게 고마움의 마음을 전한다. 또한 언제나 본이 되시고 격려해주시는 부모님, 그리고 형, 처가 식구 및 친지들께도 감사드린다. 끝으로 사랑하는 친구들과 아마존에서 동고동락하며 소중한 추억을 함께한 케이런치K-lunch(한인 출신 아마존 직원들의 점심 모임) 및 다양한 가르침을 준 각국 출신 동료들, 그리고 부족한 글에 기꺼이 추천사를 써주신 류영호 선생님, 임정욱 센터장님, 하형석 대표님과 드러나지 않게 응원하고 기도해주시는 모든 분께 진심으로 감사의 인사를 드린다.

반은 한국에서, 반은 미국에서 보낸 나의 삶은 아마존이라는 직장의 울타리 안에서는 크게 도움이 될 일이 없었다. 한때는 조금 더 영어를 잘했다면, 조금 더 미국 문화에 익숙했다면, 더 영향력을 발휘할 수도 있지 않았을까 하는 영양가 없는 변명으로 좌절하기도 했다. 하지만 이도 저도 아니었던 나의 배경이 자립의 기반이 되었고, 이 책까지 탄생시켰다. 한국적인 마인드를 가지고 있던 나에게 아마존에서의 경험은 매우 새롭고 강하게 다가왔다. 애초에 미국에서 나고 자란 이들은 비교적 느끼기 힘든 문화와 생각의 온도 차이였다. 결국 이러한 다름이 이 책의 거름이 되었다.

이 책은 아마존과 같이 되어야 한다고 피력하는 글이 아니다. 우리가 되어야 하는 것은 나 자신 이외에는 없다. 내가 아마존에서 배운 것은 다른 이들과의 경쟁이 아니라 각자의 특별함 위에 변하지 않는 성장의 원리를 적용하여 세상에 필요한 새로운 것들을 탄생시키는 것이다. 만들어질 것들은 새로운 것이지만, 그 기반이 되는 원리들은 이전에도 있었고 이후에도 변하지 않을 것들이다. 아마존은 새로운 원칙을 만든 것이 아니라 그 우주적 원리와 원칙을 누구보다 잘 이해하고 적용하고 지켜낸 기업이다.

인터넷 시대의 첫날에 살고 있다는 데이원 정신에서 시작된 아마존의 씨앗은 '고객(타인) 중심', '절약정신', '인테그리티', '본질 추구', '장기적 관점', '도그푸딩', '행동주의', '실패를 통한 혁신', '끊임없는 효율 추구'와 같은 원칙 위에 거대한 나무를 넘어 숲이 되었다. 책 본문에는 주로 아마존에 대한 긍정적인 내용이 주를 이뤘지만 아마존도 항상 성공만 한 것은 아니다. 마켓플레이스, 프라임, 킨들, 웹서비스, 에코와 같이 엄청난 성공 사업들 뒤에는 실패한 사업들도 수없이 많았다. 구글과 같은 검색엔진인 A9, 아마존이 개발한 스마트폰인 파이어폰, 의류 전문 몰 엔들리스Endless, 그리고 내가 마지막까지 몸담았던 소셜 커머스 서비스인 아마존 로컬에 이르기까지 아마존이 처절하게 실패한 사업은 셀 수가 없다.

어떤 것들은 성공했고 어떤 것들은 그렇지 못했다. 그들의 차이점은 무엇일까? 당시에는 몰랐지만 오랜 시간이 지나고 나서 이 둘을 비교하니 답이 명확히 보인다. 아마존이 실패한 모든 사업들은 '다른 이를 따라가는' 것들이었다. 반면 아마존이 자기가 가진 기반 위에서 다른 이들의 필요를 파악하고 새로운 것을 창조한 사업들은 모두 아마존뿐 아니라 나를 비롯한 이 세상의 모든 이들에게 혜택을 가져다주었다.

'아마존답다'라는 수식어는 또 하나의 온라인 서점이 아니라 변해가는 세상 위에서 자신밖에 할 수 없는 새로운 일을 해나가는 이들에게 가장 어울린다.

프롤로그
006쪽 저자 소장
007쪽 http://amazork.com

1 여정의 시작
023쪽 저자 소장
034쪽 저자 소장
037쪽 http://time.com/5186237/dogs-at-work-benefits/
　　　 https://worldnews.easybranches.com/regions/singapore/A-day-in-the-
　　　 life-of-an-Amazon-employee--who-wakes-up-at-5-a-m--to-work-out-
　　　 and-brings-her-dog-to-the-office-1184023
　　　 저자 소장

2 아마존의 문화, 공간 그리고 사람들
048쪽 저자 소장
051쪽 https://commons.wikimedia.org/wiki/File:Seattle_-_SLU_streetcar_on_Terry_
　　　 Avenue_01.jpg
055쪽 https://www.amazon.com/Fluid-Concepts-Creative-Analogies-
　　　 Fundamental/dp/0465024750
056쪽 https://commons.wikimedia.org/wiki/File:Inside_the_Amazon_Spheres.jpg
　　　 https://www.flickr.com/photos/sounderbruce/41246595761
062쪽 http://marinationmobile.com/menu/
　　　 http://www.cmtauctions.com/top-7-food-trucks-united-states-2017/
　　　 https://www.trover.com/d/zsY5-marination-ma-kai-seattle-washington
065쪽 저자 소장
068쪽 저자 소장
070쪽 https://www.flickr.com/photos/-jvl-/14839058606
　　　 https://www.flickr.com/photos/-jvl-/14675427018
　　　 https://www.flickr.com/photos/-jvl-/14675409579
　　　 https://www.flickr.com/photos/-jvl-/14839056666
080쪽 저자 소장
094쪽 저자 소장

3 아마존의 고객 중심주의는 클리셰가 아니다

103쪽 https://www.amazon.com/s/ref=nb_sb_noss?url=search-alias%3Daps&field-keywords=The+Kingdom+of+Happiness%3A+Inside+Tony+Hsieh%27s+Zapponian+Utopia&rh=i%3Aaps%2Ck%3AThe+Kingdom+of+Happiness%3A+Inside+Tony+Hsieh%27s+Zapponian+Utopia
https://www.ebay.com/sch/i.html?_from=R40&_trksid=p2380057.m570.l1312.R1.TR0.TRC0.A0.H0.TRS5&_nkw=The+Kingdom+of+Happiness%3A+Inside+Tony+Hsieh%27s+Zapponian+Utopia&_sacat=0

107쪽 저자 소장

114쪽 https://www.amazon.com

121쪽 https://commons.wikimedia.org/wiki/File:Amazon_Dash_Button_Tide.jpg
https://www.androidcentral.com/amazon-prime-members-can-grab-1-dash-buttons-and-still-get-5-credit-limited-time

128쪽 https://www.amazon.com/gp/help/customer/display.html

138쪽 https://blog.aboutamazon.com/working-at-amazon/blind-since-birth-writing-code-at-amazon-since-2013

4 시간이라는 바람으로 가는 돛단배

148쪽 저자 소장

150쪽 저자 소장

174쪽 https://www.flickr.com/photos/mdgovpics/36906693900
https://www.flickr.com/photos/diversey/34043258624

177쪽 https://www.bloomberg.com/news/articles/2015-05-28/robot-with-a-human-grasp-is-amazon-s-challenge-to-students

5 본질을 보는 눈과 머뭇거리지 않는 발

188쪽 저자 소장
https://www.flickr.com/photos/joebehr/35399164716

189쪽 저자 소장

193쪽 https://www.pexels.com/photo/kindle-technology-amazon-tablet-12627/

194쪽 https://www.youtube.com/watch?v=nYUVpjrzvXc

200쪽 https://svgsilh.com/image/42943.html

6 극강 효율 아마존식 솔루션

221쪽 저자 소장
233쪽 http://www.agilebuddha.com/agile/if-you-need-kanban-in-scrum-youre-
probably-doing-it-all-wrong/
https://www.agileconnection.com/article/scrum-daily-standup-meeting-
your-questions-answered
234쪽 저자 소장

7 정글에서 터득한 생존법

252쪽 저자 소장
259쪽 저자 소장
271쪽 저자 소장

8 아마존의 가장 큰 가르침, 나로 서기

293쪽 저자 소장
295쪽 저자 소장
298쪽 저자 소장
310쪽 https://www.amazon.com/Baby-Care-Play-Mat-Collection/dp/B01MY709TZ
https://www.amazon.com/Baby-Care-Play-Mat-Collection/dp/
B074N8WBM7
https://www.cushycove.com/
314쪽 저자 소장
316쪽 저자 소장
317쪽 저자 소장